管理是蓝海

向精细化管理要效益

张应春◎著

中国经济出版社
CHINA ECONOMIC PUBLISHING HOUSE
·北京·

图书在版编目（CIP）数据

管理是蓝海：向精细化管理要效益／张应春著．
北京：中国经济出版社，2017.10（2025.8重印）
ISBN 978－7－5136－4874－5
Ⅰ.①管… Ⅱ.①张… Ⅲ.①企业管理—精细化 Ⅳ.①F272
中国版本图书馆CIP数据核字（2017）第233159号

责任编辑　耿　园
责任印制　李　伟
封面设计　任燕飞工作室

出版发行　中国经济出版社
印 刷 者　北京艾普海德印刷有限公司
经 销 者　各地新华书店
开　　本　710mm×1000mm　1/16
印　　张　17.5
字　　数　192千字
版　　次　2017年10月第1版
印　　次　2025年8月第9次
定　　价　45.00元
广告经营许可证　京西工商广字第8179号

中国经济出版社 **网址** www.economyph.com **社址** 北京市东城区安定门外大街58号 **邮编** 100011
本版图书如存在印装质量问题，请与本社销售中心联系调换（联系电话：010－57512564）

序言

PREFACE

蓝海管理：时代呼唤中国特色的管理思想

改革开放即将迎来40周年。中国社会经济发展所取得的成就令人目不暇接，“中国奇迹”誉满天下。不过，按照“华盛顿共识”等“标准的”经济学教科书来衡量，中国社会主义市场经济是一个“怪胎”，其发展道路“形迹可疑”，因而中国必将崩溃。如果认真按照一些预言家的说法梳理回忆，中国已经崩溃过若干遍了。然而，中国不但没有崩溃，反而跻身为世界第二大经济体，而且发展势头仍然强劲。

作为置身其中跟着中国改革开放一路走来的人，我在为中国所取得的伟大成就骄傲自豪的同时，也经常会为中国的前途命运揪把心，也经常问自己这样的问题：为什么中国的发展前景宏观上看起来让人信心满满，但如果更多关注了解微观层面，往往会平添谨慎甚至悲观的情绪？这种“宏观乐观、微观悲观”的悖论怎么才能得到合理的解释呢？

宏观乐观好理解。中国特色社会主义道路越来越清晰，综合国力越来越强，国际地位越来越高，道路自信、理论自信、制度自信和文化自信日益强化，以“新四大发明”为代表的现代化建设成就日新月异，“中国名片”层出不穷，中国人民对美好生活向往的脚步是谁都挡不住的。

那如何理解企业微观层面的“悲观”呢？

因为工作关系，我经常可以接触到一些企业家朋友或者是中小企业的老板朋友，这些朋友多数都向我描述过做企业的苦与难。

《管理是蓝海》这本书开篇就对这些“苦与难”进行了描述，向读者展现了许多中小企业家朋友在“管理的苦海”中挣扎的景象。在光鲜亮丽的表象下，企业不仅蕴藏着随时随地关门的危险，企业家本人往往也常年处于身心俱疲的高压力状态下。

中国的中小企业家是一个特别能吃苦、特别勤劳的群体。几千年来，中华文化养育下的中华民族勤劳勇敢，百折不挠，坚韧无比。这些良好的基因更集中体现在中小企业家群体身上，他们特别能承受，特别能抗压，只要社会比较稳定，政策比较宽松，就会迸发出无限的创造力。改革开放以来，良好的创业环境让企业家们的生机活力得到充分的展现，以中小企业老板为代表的中华民族精英群体就以这种韧劲，用自己勤劳的双手，把无数的苦与难编织进企业的成长历程，换来了我国经济整体向上、独树一帜的持续增长。当然，在这过程中，我们的企业家以及我国的广大人民，都承受了很多，付出了很多，这就是大家在重重的困苦中，即使感受到微观不容易，却能迎来宏观乐观的重要原因。中国改革开放以来之所以能创造出经济长期超高速增长的“奇迹”，与中国人民特别是中小企业家们勤劳、百折不挠的精神“变量”有很大关系。这些变量在常规的经济模型中是无法得到体现的。许多“预言家”没有预测准，除了他们对中国特色社会主义僵硬的偏见外，还有一个重要原因，即他们的模型中没有包括这些变量：勤能补拙、苦能作舟、滴水穿石……这就正好解释了我们在严峻的形势下，每每能取得经济社会进步的原因。

近代以来，我国一直处于贫穷落后、挨打受欺的不利局面。新中国成立以来，特别是改革开放以来，摆脱贫困落后的心态就无比地急切，对高速度的追求有着他人难以理解的情结。时间就是金钱，效率就是生命，唯恐慢一步就会被开除“球籍”。加上我们搞市场经济缺乏经验，摸着石头过河，缺乏长远规划和整体设计，使得中国在经济高速发展的同时，资源利用方式粗放、效率低下，环境承受了巨大的压力，经济竞争惨烈，经济社会的“熵值”居高不下，企业发展所面临的都是一片“红海”；同时，容易为人们所忽视的是，广大的企业家群体承受了无可言状的精神压力，他们的内心更是一片“红海”！可以说，中国的中小企业家也是“幸福指数”较低的群体。

改革开放，既帮助我们焕发了创造力，也帮助我们睁眼看世界，有了“拿来主义”的机会。我们纷纷引进西方的管理经验，强调制度化管理；但西方的一些管理理念和管理工具，被一些企业生搬硬套，造成过度管理，出现“制度化”的一刀切，特别是广大的中小企业难以适应，甚至有的小企业患上了“大企业病”。这样的管理变革，仍不能让企业和企业家们摆脱“红海”。

于是，我们的本土企业家、管理学家，特别是一些咨询管理机构，又尝试把东方的管理智慧与西方管理思想相结合，并取得了不错的效果。那么什么是东方的管理智慧？习近平总书记对中华优秀传统文化的高度精炼的表述——“讲仁爱、重民本、守诚信、崇正义、尚和合、求大同”以及中国共产党第十八届五中全会提出的五大发展理念——“创新、协调、绿色、开放、共享”，对我们提炼东方的管理智慧具有很强的启发意义：仁爱、和合、包容、共享等，基本包含了中国特色的治理理念（国家层面）和管理理念（企业层面）的精髓。这样的管理理念加上科学化、精细化的管理方法，构成了有中国特色的管理思想体系。

《管理是蓝海》的作者张应春先生既是一位能吃苦、特别勤劳的企业家，又是一位尝试将二者结合的管理咨询专家。我和他相识近十年，总体上得出这样一个印象——他天生就是属于管理咨询这个行业的。从自己创业以来，从无到有，几年时间已经将公司发展成为年咨询收入超过千万的公司；他的学习能力出色，总结能力一流，观察能力超强；善于沟通，凡是和他打过交道的公司老板，大都与他成为良师益友。他还是一位虔诚的佛教高僧的追随者，对传统文化有深刻的理解。因此，我们在《管理是蓝海》一书中读到的虽然也是广大中小企业所关注的精细化管理、执行力提升、生产管理和团队绩效管理等内容，但作者在提供解决问题的方案时所流露出来的代入感，亲切而生动，让人有身临其境之感。

在管理咨询这个领域，一些公司自身管理做得不到位，却也在到处兜售管理咨询，还美其名曰“医不自医”。应春先生却不认同这个做法。他认为，如果连自己的公司都没有做好，是没有资格为别人提供管理咨询服务的。朗欧企业管理咨询有限公司已经创造了一种机制，将优秀人才变成合作伙伴，帮助团队成员成长，让平台上的所有人共享企业成功的机会、精神和物质。公司成立以来的快速成长，证明了其“医者能自医”的创新；同时，通过为企业提供驻企咨询服务总结出来的适合中国本土企业提升管理水平的管理模式——等距离管理系统，开启了管理是一片“蓝海”的大门。这正是对中国特色管理思想体系的最好的践行。

为什么西方现代管理方法只有融入东方的管理智慧才能让管理走向深蓝？西方的思维方式，强调冲突和竞争，大到国家间的竞争，小到个人之间的竞争，躲不开的是“修昔底德陷阱”：你强我弱，你死我活。

而东方管理理念强调的是合作、共赢。十八字优秀文化和五大发展理念，正是化解修昔底德陷阱的良方。中国智慧、中国方案可以把冲突的“红海”变为和谐的“蓝海”；从企业管理层面看，“等距离管理”也是企业内部管理和外部竞争走向深蓝的工具。

我们说，管理是蓝海，还有更深一层意味：管理能力和效益的提升是面向企业内部的，而且是没有止境的。只有面向内部的管理变革，才是具有无限潜能的“内求”管理思想。管理具有无限的潜力，我们可以持续不断地向管理要效益，管理需要智慧，而只要你具备持续不断的学习能力，智慧就会源源不断，就像宽广无垠的海洋，宽不见边，深不见底。

我们说，管理是蓝海，是说只有学习型的决策者和管理团队才能达到蓝海的境界，只有结合了东方智慧的管理才是蓝海，同时面向东西方管理思想和智慧开放的管理系统，可以源源不断地引入“负熵”，可以不断地改善企业管理系统的生态环境。

我们说，管理是蓝海，也是指企业管理应该达到这样的目标境界：既提高了效率，又控制了风险，同时让老板、经理人和员工都得到了快乐。

希望更多像朗欧企管一样植根于中国本土的咨询机构和管理变革专家，为早日形成有中国特色的管理思想体系做出自己更大的贡献。

中国经济出版社副社长
毛增余
经济学博士
2017 年 8 月 26 日

目录 CONTENTS

第一章　粗放式管理下的中小私企之苦

中小私企老板的身份之苦 / 3

中小私企老板的孤独之苦 / 11

中小私企管理者之苦 / 20

有客户没订单的中小私企 / 24

有订单无效益的中小私企 / 28

有经验无记忆的中小私企 / 32

有文化无匠心的中小私企 / 35

耗不起、放不下、舍不得的企业老板 / 38

担不起、逃不掉、回不去的企业员工 / 44

员工有信仰，企业有希望，团队有力量 / 47

第二章　如何做好精细化管理

管理是永远的蓝海 / 53

何为精细化管理？/ 61
精细化管理之“理人心”之道 / 65
精细化管理之“管事”之法 / 87

第三章　如何提升企业执行力

执行是“1”，其他是“0” / 105
将“执行力”量化为“执行率” / 111
通过稽查提升执行力 / 114
制定切实可行的流程制度 / 118
稽查“五部曲” / 124
稽查的八大误区 / 132
横向问责保执行 / 136
学会从自身找原因 / 144

第四章　如何做好生产管理

中小私企生产管理的痛点 / 153
难以推行的 ERP / 161
生产任务不断细化 / 166
生产物资提前排查 / 173
生产异常快速处理 / 177
管理动作现场落实 / 180
管理结果数据呈现 / 182
如何做好现场改善 / 184

生产管理必须要开好三个会 / 189
管理需要将复杂的事情简单化 / 198

第五章　如何做好团队的绩效管理
绩效管理不止于绩效考核 / 215
绩效管理的顶层设计思路 / 219
绩效考核的三个要点 / 228
绩效考核的八个步骤 / 236

后　记 / 263

第一章

粗放式管理下的中小私企之苦

在中国，选择了加入老板这个行列，特别是制造业老板的行列，就注定选择了一个高风险、高压力的职业。

企业中的很多问题，归根结底就在于很多时候只是个体知情，或者只是某个部门知情，而不是真正公开透明的系统知情。

有客户没管理，有客户没服务，有客户没产品，让这么多年一直合作的客户逐年流失，最终导致了我们有客户没有订单的结果。

粗放式发展模式下的“订单＝效益”“规模＝盈利”不再是必然成立的，而是有前提条件的，它必须是建立在精细化管理的基础之上，体现的是组织效率。

个人经验没有形成组织记忆，就会导致企业对某个人的依赖。

企业文化的背后是匠心，文化在外，匠心在内，没有匠心支持的企业文化都是“纸文化”。

许多人在不断地跳槽的过程中，比起高出的一点点的收入，损失的是内心的宁静，损失的是在一个企业里系统的职业化训练的机会。

中小私企老板的身份之苦

中小私企老板，是一个多重身份的集合体，也许正是因为这一点，中国中小私企的老板“生”来与“众”不同。他们不仅仅是私有财产的所有者，也不仅仅是投资人的概念。在中国，老板是一个职业，是一个门槛很低、又很高的职业。门槛低体现在好像谁都可以去工商局注册。门槛高体现在老板这个职业，是不方便辞职的；如要辞职，可能要用“一贫如洗”来写辞职信，说严重点，可能是用“倾家荡产”来交辞工书（而且是向政府交）。

据某权威调查报告显示，在中国，有86%的制造业的老板感觉高度紧张而有压力。这个比例在全球是最高的。为什么他们会有这么大的压力呢？因为中国制造型企业的老板每天要花费很多精力应付各种问题：没有订单、有订单却做不出来产品、做出来的产品质量又不合格、客户投诉、人工成本不断升高、材料成本不断升高……一系列的问题似乎都说明，中小私企的老板是很难做的。

为什么会出现这种情况呢？从历史上来讲，我们虽然搭上了西方工业革命的快车，但并没有推行真正的工业革命。在这种历史背景下，我国绝大部分的企业都只成立了几年至几十年，这意味着我国中小私企的老板基本上是“一代”企业主。而不得不承认的事实是，这一代企业主绝大多数既没有受过高等教育，也不是学企业管理的科班出身。

我在这里没有轻视这一代企业主的意思，相反，这一代企业主为国家经济腾飞、为中国制造做出的贡献前所未有，是值得我们尊重和学习的！时代背景问题，我们每个人都无法改变，往上数两代，也许每个人都是农民，所以很多老板也是从田地里走出来，走进企业、走进工厂的。

我是为制造型企业提供全天候驻厂咨询服务的，因此能够直接与很多工厂的老板接触。至少在我目前深度接触的200多位工厂老板中，有90%以上都是这种情况。绝大部分老板没有接受过正规的企业管理教育，这也是有些老板经常去听一些培训课，甚至迷恋一些“大师”的原因。

从田地走向工厂，通过打工积累工作经验，在积累经验的过程中积累一些人脉，再加上自己的胆识和一定的经济能力，在改革开放这个风口上，中国的老板大批量应“运”而生了。

了解了中国老板的成长历程和中小企业的发展过程，中国中小私企老板的多重身份看起来就非常合理和必须了！

首先，中小私企的老板得是一个营销能手。

业务订单是企业生存之根本，也许有些人会认为研发、战略、品牌运营等需要排在前面，但是，不说以后，至少现在，大多数中国企业都是以业务为导向的，我们的企业基本上仍集中在一些资源耗费严重、劳动密集型的传统行业，生产的产品附加值较低。对于这些行业和企业来讲，业务订单是首先要解决的问题，而解决这个问题的核心人物就是企业老板、企业创始人。

中国的老板做业务要懂得把握业务机会，当然这也跟自己“出道”时所入的行业有关：一开始“出道”进的是家具厂，做了好多年出来也开个家具厂；进的是电子厂，几年以后便开个电子加工厂；进的是服装厂，几年以后便开个服装厂。但即便是这样，也需要老板有长期的人脉积累和经验积累。

除了要懂得把握业务机会以外，中国的老板还需要懂得发展人脉，这跟我们的传统文化有关。中国人走到哪里都要讲“关系”，有关系，订单、客户投诉等问题就解决了一半，特别是在互联网还没有高速发展的改革开放的前30年，由于供求双方信息的不对等，更加要求企业老板本身有宽广的人脉关系。

不止一个老板跟我讲：“我们厂没有业务员，业务都是我一个人拿回来的，公司所谓的业务员只是跟单员。”这种现象在中国的企业，特别是中小私企中，尤为普遍。规模稍微大一点的企业也不例外，只是老板亲自跟进的客户“大”一点而已。

我把上述两种方式总结为“机会营销”和“人脉营销”，至少在2008年以前，中小私企的营销方式是以这两种为主。**现在互联网快速发展，解决了供求信息乃至整个供应链信息不对等的问题，企业的营销模式也悄然发生转变，逐步转型为“产品营销”和“服务营销”**。

现在，我们对产品本身的品质和给客户带来的产品体验、服务体验的要求要比之前高很多，“高性价比”已不再是年轻一代主流的消费观，这些新生代的消费主力军更加注重产品品质和体验。所以，这就对我们的企业管理和产品研发提出了更高的要求。

可以预见，在**未来，企业的营销模式将会发展成为“文化营销”和“人格化营销”**。

什么是“文化营销”和“人格化营销”呢？简单讲，就是给产品赋予一定的企业文化。

比如，很多喜欢打篮球的人，他们买球服一定要买背后印着“23 号”的。并不是这个印着“23 号”的球衣会比印着其他号码的质量好一点，而是这个“23 号”赋予了这件球衣一种“精气神”，仿佛穿上它，在球场上就可以感受到乔丹的“精气神”，至少起到了很大的心理作用。

再例如，云南的特产褚橙之所以能够卖到 30 多元一公斤，不仅因为橙子本身的滋味，更因为其中蕴含着褚时健的企业家精神。我亲自跟朋友去了褚老在云南玉溪哀牢山的褚橙园，也亲口品尝了褚橙。作为一个普通消费者，除了觉得口感很好以外，我无法从专业角度分辨它与其他橙种的优劣。但为什么我喜欢吃呢？因为这个橙子里面有褚老的精神在，有一种我吃其他的橙子时体会不到的“匠人精神”。这种精神只能意会，不可言传，只有亲身经历才能体会得到。

从 2015 年开始，我们发现越来越多的企业家都在通过不同的方式为自己的企业“代言”，其实这就是将自己企业的产品“人格化”的一个缩影。例如，一讲到格力，我们首先想到的是霸气总裁董明珠；一谈到小米，想到的就是雷军；一谈到阿里巴巴，想到的就是马云……

其实，很多中小私企也是如此，我们在行业圈、产业圈、朋友圈会越来越多地关注企业家个人的修为和格局。**未来十年，整个社会的消费者将被“圈层”，这个圈层将由对企业家及其思想理念认同的消费者和具体产品构成，而且是“认同在先，消费在后”**。

其次，中小私企的老板得是一个技术好手。

中国绝大部分中小私企都是在这几十年间以惊人的速度成长起

来的，可以称之为“野蛮式生长”。在这种大背景下，绝大多数老板是靠自己的行业经验及操作经验生产出了相对应的产品。我走访了几百家年产值在8000万至8亿元左右的制造型企业，发现这些中小企业的老板堪称企业里的“全能手”，什么都会做。

就像朗欧企管辅导的一家洗水（牛仔服装制造的一项工艺）厂，这家工厂的老板告诉我：“洗水的每一道工序、每一个流程、每一项标准和要求我都清清楚楚，所有工序我自己都能够动手操作。”

为什么会出现这种情况呢？因为目前中小企业的管理还是很粗放的，更多的是靠“人盯人式”的管理。在企业发展之初、规模不大的时候，靠老板一个人还盯得过来，但当企业发展到两三百人的规模时，他就盯不过来了。那怎么办呢？老板就只有靠“自己什么都懂，什么都会做”来树立自己的威信，通过他的“专业”来“威慑”所有的员工。

老板下面的管理人员也是一样，都是从基层一步一步做起来的，往往只会做事而不会管事，所以中小私企里的管理在无形中被弱化了。在这种企业管理模式下形成的**管理团队也将由以技能型为主的“管理人才”构成**。因此，很多企业在招聘管理人员的时候要求必须是同行业、相同规模企业、同等岗位能力的管理人员，如果不是这样的管理人才，将无法适应其岗位工作。

在中国，服从管理一般从认同开始，而这些技能型的管理人才所认同的不一定是管理能力很强的上司，却最起码要是专业技能比自己强的上司，否则就会出现“软对抗”，通过“专业化”来将管理“模糊化”。这样就使得中小私企的老板得是一个技术好手，否则就管不了整个团队。

最后，中小私企的老板还得是一个用人高手。

前文提到了中小私企老板的成长历程，在这种背景下组建的管理团队必将出现一些问题。因为**我国工业化进程起步较晚，各行各业还没有形成完全职业化的管理团队**，换句话说，在我国企业中，至少在工厂中还没有完全形成高素养的职业化团队。

《细节决定成败》的作者汪中求认为，全世界最难管的就是中国人，因为中国人都很“聪明”，或者说很“精明”。比如，我们经常听别人评论他人：“这个人好笨，这么容易就中了别人的圈套。”听到这话的人会暗中告诫自己：“以后我得聪明一点，别中了别人的圈套。”于是，个个练就了一双“透视眼”，都能透过现象看本质，看穿别人的心思，也就同样地会以“聪明”的招数应对，玩起勾心斗角的游戏。再如，中国人是很会变通的，既认同“好汉不吃眼前亏”“好死不如赖活着”的保命文化，又崇尚“宁为玉碎，不为瓦全”的气节文化。

在这样的背景下，中小私企的老板要管理这么一波人，其难度可想而知。一方面，很多中小企业老板非管理专业出身；另一方面，企业的流程制度尚未完善，管理模式相对粗放。在这种情况下，就逼着老板练就了一身用人的“功夫”。

中小私企的老板们各显神通，有的在企业里面形成了“酒桌文化”，试图通过这种“酒桌文化”把人管好。我在东莞就遇到过一次，一个做包材的工厂老板带着三个分厂的总经理跟我一起吃饭。在饭桌上，这个老板说：“一厂明年完成×××万元营业额，奖励一台奥迪Q5；二厂完成×××万元营业额，奖励一台奔驰E300；三厂完成×××万元营业额，奖励一台宝马730。”

企业一年的生产任务就像他们杯中的酒，一起喝完，表明了大家完成任务的决心和士气。因为我不喝酒，我就用茶表示了祝愿。

事后我跟这个老板说这种方式不行，并告诉了他一些调整的方法，因为我知道这样下达任务其实是没有作用的。事实证明，第二年任务没完成，三个总经理倒走了两个！车没奖励出去，业绩也没有，人却离开了，所以第二年这位包材厂的老板与我们达成了咨询合作。

有的老板则在企业里面通过无微不至的关爱形成了一种“亲情文化”。当然，我很推崇真正的企业亲情文化，但问题是很多企业推成了畸形的“亲情文化”，推行到后来，大家确实都像一家人，都相互很给“面子”；可是公司里面存在的很多问题，他们也碍于情面，欺上瞒下，错的事情也没有人较真了，给企业管理埋下了深层次的文化隐患。

虽说有这样或者那样的问题，但我不得不承认很多老板的确是用人的高手，我这里指的“高手”是与粗放式的管理对比后所做的评价。在管理流程不规范、团队职业化程度不高的前提下还能带领整个团队取得今天的业绩，中国的老板对人性的了解，准确地来讲，是对员工习性的了解，超乎常人地深刻！作为中小私企的老板，学会用人、带人是必不可少的能力。

中国中小企业老板的身份还有很多，包括还要是经营人才、资金大户、管理专家，总而言之，在中国，选择了加入老板这个行列，特别是制造业老板的行列，就注定选择了一个高风险、高压力的职业。因为诸多的身份要求老板具备诸多的能力，也就意味着要承担诸多的责任与义务。作为老板，就得对自己高标准、严要求。

老板在从事这些身份所对应的工作的时候，要时刻面临着身份转换的问题。例如，上午在公司给各个部门开会，肯定得查看各种异常数据，解决大家的问题；下午要去见客户，就得准备宣传自己企业的产品如何好、企业的团队如何优秀。

老板既是管理者，又是业务代表。但是，做管理和谈业务时所要讲的内容是不同的。做管理，要求用数据说话、用事实说话，找出问题的根源；而去谈业务，就不可能跟客户讲企业产品的质量合格率很低、员工难管，倘若这样，还签得了订单吗？恐怕公司都得关门了。做管理要“十分真实”，而做业务则要“七分宣传”。

因为有着诸多的身份，所以中国企业老板每天要在不同的场合转换不同的身份，做不同的工作，这种高频率的身份转换的要求，让很多老板无法做到“随处做主”。事情多，导致老板经常会迁怒于别人。例如，老板上午见了客户，受到了客户的指责，下午来到公司可能心里还憋着气，会因为一件小事而在公司大发雷霆，从而给管理团队带来不好的印象和影响。这种高频率的身份转换会让老板无法真正静下心来，抑或静下心来的时间少之又少。

老板每天都在诸多身份中游走，忙忙碌碌，身心疲惫，感觉很苦。有时甚至连自己都无法对自己当下的身份进行有效的认识，从而影响了决策，最终影响到老板的形象与公司整体的经营管理文化。

中小私企老板的孤独之苦

所有的老板都是孤独的，老板的事业做得越大越孤独。这在当下绝对是一个真命题。

之所以敢下此看似武断的结论，缘于我多年从事企业管理驻厂式咨询，跟200多位企业老板有着深度接触。我所谓的接触不是简单的见个面、打个招呼或者是做一次咨询。这些老板绝大多数都是我的咨询客户，意味着他们跟我打交道时最少花了几十万，甚至几百万元，老板花大价钱请了我们做顾问以后，他要想得到很好的咨询效果，前提是必须跟我们讲自己企业的问题，我们才能有针对性地解决问题。

朗欧企管是做全天候驻厂式咨询的，每个项目都会有一个项目经理带着至少两名老师进驻到与朗欧签约的客户企业，与该企业的员工同吃同住同劳动。老师们每天都在企业现场，每个项目经理也都是全职的，在同一时间段只负责这一个项目。老师在企业里面进行现场的调研、诊断，跟企业方管理人员包括老板一起梳理流程，一起解决企业的管理问题。在此期间，我每个月也会跟企业老板一起交流、探讨具体的管理问题、经营问题。所以，这个看似武断的结论倒不如说是我多年在实际工作过程当中，真真切切的感受。

老板不易，我非常清楚老板所面临的问题与内心的痛苦和孤独，至少制造业企业、工厂老板大都如此。2013 年，一位 51 岁的老板流着眼泪跟我诉说工厂面临的困境：没订单的时候愁订单；好不容易有订单了，又经常不能按期交货，或者交出去的货不合格；人不好管，工厂的事好像也越理越乱……从那时起我就下决心要带领一支有良知的团队，为有类似困扰的企业主解决问题。我们就像企业的医生，医生的首要任务是要为企业“治好病”而不是赚钱！朗欧企管的咨询客户规模不同，既有大客户，也有小客户，当然咨询费也有高低之分。签单前可能会考虑签单额的问题，但在从事咨询服务的过程中，我要求我的团队不管签单额高低，无论客户大小，都必须一样对待，都必须实实在在地调研、扎扎实实地推行每一步咨询流程。签单额的大小与我们老师的收入也没有明确的挂钩，一切以实实在在的咨询效果为标准。也许这也是这么多咨询客户愿意跟朗欧长期合作的原因吧。

那么，老板的孤独从何而来呢？

1. 老板的孤独来源于其多重身份

前文谈到了老板的多重身份。老板每天要承担各式各样的工作压力，解决各部门内部的矛盾，处理客户投诉等重大问题。老板每天还要面对形形色色的人：面对客户、面对同行、面对员工、面对家人……而不同部门、不同对象又有不同的诉求，所以**很多时候老板要在不同的对象面前“伪装”，很多真实的想法、核心的问题不能够全部让人知晓，最坏的结果都要自己去承担。**

为了做到“面面俱到”，老板在经营、管理企业过程中所遇到的问题不能跟朋友说，因为这个“朋友”也许就是他的竞争对手，也担心这个朋友会因此看低他；也不能跟家人说，因为家人会担心他，何况家人也不懂企业经营管理，不能帮他解决这些问题；更不能跟下属说，因为当下属看到问题之后也许会对老板产生怀疑。

2. 老板的孤独来源于“拜托式管理”

“拜托式管理”的问题源自跟着老板“打江山”的“老将”。也许有些老板并没有意识到这一点，认为这么多年企业之所以能够发展，跟着自己一起成长的这些人功不可没，甚至认为这是最应当感到自豪的地方。

这里又得从老板的成长历程讲起。前文提到中小私企很多老板都是“一代”老板，最开始自己做，自己做好了，就找几个人一起做。几个人的时候自己就能管理，但是当发展到几十个人的时候，就需要管理干部了。这时就从最初跟着自己的那几个人中，将表现好、能力强的人提拔起来作为管理人员。再后来达到两三百人甚至上千人的规模时，事情更多、人也更多，再靠自己就管理不过来了，于是很多老板就开始提拔一直跟着自己的那些人做老总、做厂长、做经理了。老板对这些人都非常信任，认为这些人不会“坏”到哪里去，但每当谈起公司的具体业绩时，又总觉得达不到理想的效果。这也是很多老板最不解的地方，为什么多年来培养出来的“好人”却做不出“好业绩”呢？

从职业生涯成长的角度看，一直跟着老板成长起来的这些人得到升迁并没有错，问题就在于老板在无形之中将对这些人的信任转化成了“拜托”，而自己却没有意识到！最开始，老板倚重的这些人干劲很足，但慢慢地，老板在不知不觉当中被这些人“绑架”了。老板发现这些人变了，变得不可控了，变得有点不把他“放在眼里”

了。这时候老板就不得不有所保留，就会失落，就会感觉到孤独，甚至伤心："为什么这么多年来，我对这些人那么好，他们却变成这样了呢?"我们在做咨询的过程中就发现，很多企业的权威不在老板手中，而在某位"高人"身上。

从管理专业化的角度来看，这种问题是可以从机制、管理、流程设计上解决的，在后文会详细阐述。

3. 老板的孤独来源于不知情

知情，是管理的要领，不知情，也是老板孤独感的"病根"之一。

为什么这样说呢？**当我们对企业的许多具体事情不知情的时候，就会产生恐惧，天天担忧**，比如，这个人现在是不是还有这么强的责任心？这批货能不能按时出？企业里面的很多事情看似都有人负责，但最终往往都没管好，老的问题重复发生，久而久之，形成了恶性循环。最后，老板会觉得没有人站在他的角度来考虑问题，好像公司所有人的责任心都不够，"孤军奋战"，因而感觉孤独。其实，这种孤独感是由对事情的不知情而引起的。

这种不知情其实是管理人员与团队成员博弈的结果。很多企业里面的管理人员都有"报喜不报忧"的习惯，自己做得好的、有功的时候都想第一时间让上司、让老板知道，这是人的习性，亦是本性。当出现问题或做得不好的时候，总想着隐瞒问题，大事化小、小事化了。而老板和高层管理者想知道什么呢？当然是企业发展过程中的各种问题。这就是一种博弈，员工和中层管理团队所呈现出的往往并不是老板和高层想知道的。老板和高层在这场博弈当中处于不利地位，就表现为对具体问题的不知情。

知情是最伟大的力量。很多企业的管理问题，根源就在于下面的员工做的事情，老板、管理层不知道。自己不知情，老板只能求助于别人。所以，经常有老板问我："张老师你能不能帮我介绍一个在同行业做过高管，能力还可以的人？"很多老板花高价去请所谓的"高人"，到最后却发现这种试错的成本太高了。

朗欧咨询在进驻企业之后有一个宗旨：立足于培养企业现有的职员。我们很少到外面去招"高人"进来，即使招人也是招操作性的工种，如计划员、物控员……一般不会在外面招一个老总，并寄希望于他能把企业管好。当然也有这样有能力的人，但这是跟中五百万彩票一样的概率。因此，我们还是要从自己身上下功夫，练就"知情"的功夫。

怎么样做到知情呢？就是要将个体知情打造成系统知情。

系统知情是相对于个体知情而言的。个体知情，通俗来讲就是"打小报告"；**系统知情是以事实为依据进行管理，并且让企业中各个部门、各个环节形成公开透明的、相互制约的关系。**

我曾经问过一个老板："我们采购的问题大不大？我们采购的成本在同行中怎么样？"那个老板跟我说："我们的采购没事，采购部是我的小舅子在管。"他觉得任人唯亲没关系，反正是自己小舅子在管，肥水不流外人田。甚至有些老板，招一个他的亲戚做普通员工，跟这个员工说："不要告诉任何人你是我的亲戚，只要记住一条：下面议论什么，你晚上打电话告诉我就行了。"

这就是个体知情，这种"打小报告"式的管理是很难促进团队成长的。

系统知情是很重要的，古代皇帝批奏折的时候，很多时候只批三个字："知道了！"下面的大臣就胆战心惊："皇帝只是表示这件事情他知道了，还是表示他知道事情的原委了，我在里面搞的小动作他也知道了……”现如今我们企业里面的现象恰恰相反。下属向老板汇报工作，老板会说：“没事，你做事，我放心，你只要告诉我财务要给多少钱就行了……”

很多老板会讲，“我一个几亿身家的老板，还有别的项目在做，怎么可能天天在车间，怎么可能事事都知情呢?”这里的系统知情，不是要老板天天下车间，而是通过技术手段、系统管理来了解企业情况。企业规模再大，每天至少也要查看各类经营管理数据。可以运用技术手段，如老板每天只要打开手机，就能知道今天的货出了没有，提报的问题解决了没有，每个流程的执行率怎么样，各项生产、财务数据是多少。**公司各个部门之间相互制约，问题会在各个部门的职能工作中自动呈现出来，这就是系统知情。**

系统知情，要求我们做到公开透明。比如，老板有个亲戚在公司，作为老板要公开透明地让大家知道这个人是他的亲戚。**公开透明本身就意味着一种正义。**稻盛和夫推行阿米巴经营模式，把每一笔经营账目都算得清清楚楚；松下幸之助在企业里推行“透明玻璃式管理”，都是这种管理指导思想。任何事情，只要敢公开、能够公开，这件事情就不会错到哪里去。

公开透明是化解矛盾，解决管理问题，统一团队声音的最好工具。我曾经在一个家具厂遇到了一件事：木工车间做好了一卡板货，但是白胚车间却没活干，停工待料了 3 天时间。老板找到他们的时候，两个车间的管理人员还在争吵。下工序管理人员说：“他做好了但没送给我，也没交接。”上工序说：“我做好 3 天了，是他没过来拉货。”一个没送，一个没拉，到底谁对谁错?

而系统知情就是什么事情都让大家知道。**其实企业中的很多问**

题，归根结底就在于很多时候只是个体知情，或者只是某个部门知情，而不是真正公开透明的系统知情。系统知情，使企业中的每个人都能实实在在地做事，真出了问题，摆在台面上大家都清楚。

系统知情使企业靠组织运作，而不是个人的责任心。很多中小企业是靠个人的责任心在运作，比如，这个仓库主管责任心强一点，他的仓库可能就管得好一点。但是，当企业的运作规范了以后，流程完善了以后，车间领料员不开单就不能领料，仓库发料员不按单发料也不行，每个仓库的管理都会规范化。这里面就存在横向制约的关系。如果我们能够做到公开，能够做到系统知情，就意味着我们都在完成同一件事情。

这其中微妙的关系要做了很多年职业经理人后才能有所体悟。当一件事情，不能够完全公开，不能够完全做到系统知情，这件事就有可能是在靠个人的责任心和管理能力运作，这就是对个人经验的依赖。

比如，当生产部去领料的时候，要根据 BOM（Bill of Material，物料清单）表生成的套料单去领料。采购部也根据套料单去采购物料，从 PMC（Production Material Control，生产计划控制）部依据 BOM 表生成物料需求计划，到生产、采购、仓储，这四个环节在物料控制方面是环环相扣的。

而如果一个订单从业务接单后，没有跟进总表，没有生成计划，没有物料需求计划，没有入库计划……这就不叫系统知情，这就得靠个人能力管理了。所以，很多企业因为没有这些辅助的组织系统落实管理，只能想办法招一个好的仓库主管或是生产经理，只能寄希望于某位“高人”把事情管好。

系统知情，就要做到就事论事。很多企业把“人”和“事”混为一谈。许多人问，人和事能分得开吗？的确，事要人做，有时评价一个人就是看他做的事。听起来好像很有道理，但是从管理或者经营上来讲，一定要把人和事分开来。**管事一定是有标准的，管人却没有标准。**

人格魅力没有一个量化的指标，管理水平、管理能力也没有一个量化的指标。有的老板人格魅力大一点，他走到车间笑一笑，员工就会不由自主地认真工作起来。但事情是有标准的。举个例子，两辆车相撞了，只要报警，交警拿尺子一量，标准就出来了，事故责任也就认定完毕了。如果没有标准，你非得说你碰到我了、我打灯了你没看到、你不尊重我、你鄙视我的车不好……这就麻烦了。

公开透明就意味着一定要将注意力放在事情上面，意味着企业不会讲人情、关系。朗欧强调就事论事、以事理人。

企业的老板要学会通过事情去看人，不能动不动就觉得一个人有主管的气质。长得牛高马大的，还蛮帅气，一看就是主管的料……一个生产主管只要能够把产品合格率提升到98%以上，他就是个优秀的生产主管；一个班组长只要每天能够按照计划100%地完成生产任务，他就是个合格的班组长。

我曾经在一家企业遇到这样的情况：这家企业招了个厂长，老板跟我说："你们老师进驻得刚刚好，我上个星期才招了个厂长。"我问他："你对这个厂长了解吗？"这个老板说："从形象、年龄、气质上来讲，一看就是个当厂长的料……"结果，那个厂长在那家企业做了三个月就走了，还真不像个厂长。

因此，我们要通过事情去看人，从事情入手，不要通过感观对人做出价值判断、道德判断，要把人和事分开来看。以后也不要有"管人"的概念，我们要做到"目中无人"。这里的"目中无人"不是指不尊重人，而是指要从事情出发，对事不对人。很多人在管理的过程中，动不动就想着："我要不要把这个人换掉呢?"其实把张三换掉了，过几天新换来的李四也会变成张三，因为企业在管理机制、管理文化、管理流程上没有做好，在细节管控上没有做到位。

中小私企老板的苦还有很多，在这里不一一列举。希望通过此书能够让老板不再因有很多的"身份"导致无法"随处做主"而苦，不再感到孤独。

其实，企业管理中出现的问题都可以通过提升管理水平来解决。问题解决了，老板在工作当中所承受的苦消了，自然而然也就拥有了幸福快乐的生活。这也是我对所有中国中小私企的老板们最真切的祝福。

中小私企管理者之苦

前文讲了中小私企老板之苦，那么，中小私企的管理者苦不苦呢？答案是肯定的。不只是管理者自身觉得苦，甚至有的老板也在做咨询的时候亲口跟我讲，下面的管理者太辛苦了，能不能让老师不要给他们那么大的压力？其实，辛苦是应当的，我个人认为**辛苦并不可怕，可怕的是“心苦”**。

那么，中小私企管理者究竟有哪些“苦”？苦从何来呢？我在这里列举几种：

1. 职责不清之苦

中小私企的管理者和员工都会面对职责不清的问题。我们经常会听到这样或者那样的抱怨：“不该我干的事我要干，不该我管的事我要管，不是我的责任我要担……”对于管理者或员工来说，这些看似都是合理的诉求，但对于老板来讲，这些又都是谁的事，谁该来管理，谁又该担责呢？

其实，职责不清之苦并不仅仅存在于中小私企之中，再完善、规模再大的企业都会有这个问题，这是一个事关每个人职责边界的问题，是一个实际存在的问题。中小私企中，职责不清的问题主要来源于以下几个方面：

（1）受制于企业规模

我国的中小私企，规模小的只有几百人甚至几十人，规模大的也就三五千人，特别是规模低于500人的企业，出于成本考虑，不可能按照国际标准化组织（ISO）的流程规范常设各个部门。如果完全按照ISO的标准去设置职能岗位，很多中小企业就会得“大企业病”，造成管理过剩，不利于它们的发展。这就需要**每个人在遇到职责边界问题的时候发扬“利他”精神，主动扩大自己职责的边界**，只有这样才能消除企业职责不清之苦。当你扩大职责边界的时候，也就是你职业生涯成长的时候。

很多企业中，上至老板下至员工，其实都没有非常明确的职能职责，更多的是“操作多能工”和“管理多能工”。在这种情况下，就必须注意在实际工作中要以问题为导向，以解决实际问题为目标，而不能出现以“不是我的责任”为由踢皮球的现象。

（2）受制于企业生产状态

中小私企，特别是制造型企业的生产状态是非稳定态的，主要表现为供应链不稳定、团队不稳定、客户不稳定等。为什么中小私企有那么多的不稳定因素？因为中小私企大多缺乏核心竞争力和高技术产品，往往处于产业链的底端，所生产的产品附加值低，因而缺乏话语权。

这种非稳定的生产状态会导致生产过程中异常事件频发，因而只能用“相对”明确的职能职责去规范、约束员工行为。问题是，很多中小私企连相对稳定的职能职责都无法确定，这就造成了职责不清之苦。

所以，朗欧在做咨询的过程中，其中一项重要工作就是在这种非稳定的生产状态下相对地明确管理者的管理边界和职能职责，以此来帮助中小私企的管理者们“脱苦”。

2. 职务不自由之苦

人都是喜欢自由的，我们追求人身的自由、财富的自由、权力的自由。我们一直在追求自由的路上，都希望能在企业多做一些事，然后得到晋升，这样看似就会自由一点。其实职位高未必一定自由，因为职位高了，对应的责任和义务也就更大、更多了。

在企业中，很多管理人员一直都在追求本职岗位内的职务自由。例如，一个 PMC 部的经理肯定希望车间的生产能够按照他的排期进行；一个品质部经理肯定希望公司的产品品质标准由他制定，一批货能否通过质量检验由他说了算。

但是，在实际的工作过程中，经常会出现职务不自由的现象。PMC 部计划员经常会遇到业务部强制性插单生产，业务部说是老板批准的，必须得插单。品质部经理可能面临的问题是，厂长说这批货质量通过就可以出货了，而不是按照品质部的品质标准。久而久之，PMC 部计划员安排生产计划的时候经常要问一下老板，品质部经理做品质判定的时候也经常要问一下厂长，管理者渐渐地放弃了职务自由，表面上似乎很“听话”，到最后却做不好工作，自然出不了好的业绩。

追求自由是需要坚持一些原则的。很多管理者不知道坚持这些原则会带来什么后果，或许这个后果自己承担不起，于是就选择了放弃职务自由。**放弃职务自由，从表面上看，管理者是配合工作了，但从长期来看，对公司的发展是不利的，对管理者自身职业生涯的**

发展更是不利的。这就让管理者面临“两难境地”之苦。

3. 业绩评估之苦

由于大量的中小私企内部的各项管理数据缺失、表单不健全，导致管理无法做到用数据说话，企业老板更多是靠感觉、凭经验，不能够准确地评估管理者的工作业绩，以致出现管理者做得好和做得差都一样的现象。做多做少、做好做坏一个样，长此以往，就会让管理者有“吃大锅饭”的思想，这种心态对他们的成长是很不利的。

我们常说，激励有外部激励和内部激励。管理者不要只看到外部的肯定与激励，一个合格的管理者要有自我激励的能力（即内部激励）。管理者在做好本职工作的同时，自己的能力也得到了提升，这种收获要远远大于物质上的回报。**能力是收入的基本要素，收入是能力的“显示器”。**管理者需要用智慧去摆脱这种工作业绩评估之苦。

有客户没订单的中小私企

最近两三年，很多企业老板反映市场不景气，订单量少了许多。一些老板自我安慰说："现在社会发展进入了'新常态'，是大环境变了，同行都没什么订单，我的企业在同行业当中还算好一点的了。"

真的是市场不景气了吗？我给很多中小私企做咨询，当我深入调研后发现，很多企业其实是不缺客户的，但是却存在有客户没订单的情况。

我在给一家经营了20多年的云南昆明的门企做咨询时就发现了这个问题。这是一个以建立经销商渠道为主要销售模式的企业，2015年9月、10月订单量骤减。为什么会出现这种情况？我决定一探究竟。我让销售老总对所有的客户（经销商）做了一个统计，发现经销商有上千家，尽管有很多不是专卖店。于是，我就跟老板一起去对经销商进行走访调研，发现并总结出了一些中小私企的共性问题。为什么有客户而没有订单呢？我认为原因主要在以下几个方面：

1. 有客户没管理

很多中小私企都是从小做到大的，一般都生存了十几二十年。

像昆明的这家门企已经经营了20年，这也是很多中小私企的缩影。企业在多年的成长过程中，积累了大量的客户，原来生意好，都是等客户上门；**现在经济进入“新常态”了，各行各业的竞争也越来越激烈，依旧用“等、靠、要”订单的方式，显然行不通。**

虽然企业经营了很多年，但可能这么多年来，合作的经销商都没有跟企业老板见过面，企业老板也没有实地去走访过这些客户。很多企业连最基本的客户信息都登记得很不全面，就更别提跟客户互动了。

所以，针对昆明的这家门企，我首先将业务员手上所有的客户信息进行汇总，信息不全的，要求业务员打电话跟客户确认；然后将客户按区域、按产品分类进行统计分析，统计出每个客户每一年的销售额、提货量，统计出每个大区每个月的销售量，统计出每款产品在每个客户每个区域的销售量。之后根据统计结果，就很容易判断哪些客户是企业的A类客户、哪些是企业的B类客户、哪些是企业的C类客户了，客户的销量走势、区域的销量走势和企业热销的产品也自然而然地显现出来了！有些企业虽然也做过类似的统计，但是统计得很不全面。只有明确的数据统计，才能帮助企业做出正确的销售决策；只有找准了企业的产品结构，才能避免有客户没订单的情况。

2. 有客户没服务

当企业面临着产能过剩，竞争白热化的时候，我们更应当同客户一起成长，经常与客户互动，这样才能实时地了解客户的需求，做到工厂与市场的有效衔接。当客户、经销商有问题的时候要第一时间主动解决或协助解决。现在提倡“互联网思维”，其实“互联网思维”归根结底体现在对客户的服务上。在现在这种经济形势下，我们更要加强对现有客户及准客户的服务，主要指的是帮助客户解决问题，与客户共同进退。

服务也是企业提升实力的一个重要领域。市场经济经过二十几年的高速发展，各企业产品的品质、性能基本上已经同质化。同质化不是指简单的外观、性能的同质化，而是指在信息化高度发达的今天，质量、价格、成本等信息都变得非常透明。

所以，**在现阶段我们要想与竞争对手拉开差距，就得在客户服务这个“软实力”上下功夫。**当然这是一个更高水平的要求，如果企业还无法稳定生产出质量合格、性能好的产品，那就应该快马加鞭去升级工厂的管理水平，而不是盲目追求提升服务质量。

3. 有客户没产品

“没产品”，是指企业没能按时给客户交出合格的、性价比高的产品。这对企业提出了三个要求：

（1）按时交货

朗欧企管在给大量的企业做驻厂管理咨询时发现，很多企业的订单准交率（订单准交率 = 承诺的交期订单数/实际按时交货的订单数 × 100%）很低，能达到 100% 准交的企业基本没有，部分企业的订单准交率只有 30% 左右甚至更低，意味着这些企业大多数货物都不能按时交给客户。

在朗欧的老师刚进驻一家门企时遇到过这样一个案例：有一家经销商订购了一扇农村家中的房间门，是一对新人的卧室门，这对新人按照下订单的时间安排了结婚日期。结果，距交货期只有两三天了，这扇门还停留在工厂的第一道生产工序上，最终只能以加急的方式赶制，才使得这扇门如期交货。由于这家工厂内部的管理有问题，类似的情况多次出现，所以，在这家企业的咨询策划会议上，我提出变革的第一步就是要压缩生产周期、保证交期，不能让人家的洞房没有门。其实就是要先从 PMC 着手变革，从提升订单准交率开始着手变革。

（2）保证质量

现在的消费者对质量的要求越来越高，也许我们认为百分之九十几的合格率已经很高了，但是，没有一个消费者愿意买到一个备品（次品），企业 1% 的次品率对于终端消费者来讲就是 100%。

（3）提高性价比

提高性价比就要求企业从管理中、从内部来控制成本。产品的定价方式已经发生了根本性的转变。**原来的等式是：成本 + 利润 = 价格，而现在是：利润 = 价格 − 成本。**也许这两个等式从数学上来讲没有区别，但从经营管理的角度来讲却截然不同。因为现在产品的价格其实是由市场决定的，大量中小私企是没有定价权的，企业只能通过高性价比的产品来换得市场、赢得客户。想要高性价比，还得从企业内部的管理上下功夫。

有客户没管理、有客户没服务、有客户没产品，使得多年合作的客户逐年流失，最终导致了有客户没订单的结果。当然还有很多其他因素，在这里只是重点列举以上三点，希望对我们的中小私企有一些帮助。

有订单无效益的中小私企

很多老板认为企业规模做大之后，企业的利润也会跟着“水涨船高”。然而，现实是当企业规模扩大之后，订单量越来越大了，表面上看营业收入也高了不少，但利润反倒不如企业规模小的时候了。

有订单却无效益，为什么会这样呢？

1. 规模而不经济

中小制造型企业单个产品的利润其实很低，所以，很多企业盈利靠的是“量”。虽然当下企业更多的是需要满足客户的个性化定制需求，企业“小批量多批次”的生产模式在今天已有所转变，但企业依然强调大规模定制，依然追求数量上的扩张。

每个企业的产值规模不同、员工数量不同、设施条件不同，企业的盈亏平衡点就不同。例如，2010 年我为广东中山的一家家具企业提供咨询，这家企业有 700 多名员工，月产值在 2000 万人民币左右，我们通过核算得出这家企业的盈亏平衡点在每月 1100 万人民币，如果该企业当月的接单量和产值没有达到 1100 万元，就意味着这个月是要亏损的，因为企业的场地成本、管理成本等固定成本大致是不变的，不增不减。

企业要想维持一个较高的盈利水平，就必须想尽一切办法，多接订单、提高效率、增加产值，就需要增加业务投入、设备投入、技术投入、管理投入等。我们这一代靠胆识和毅力成长起来的老板是最愿意增加设备、场地等固定投入的。问题是，当企业扩大了投入和规模，企业的盈利水平随之提高了吗？我通过大量的调研发现，答案是否定的。

例如，企业原来每月产值1000万元，毛利率是15%，每个月的毛利润是150万元；当每个月产值达到1500万元的时候，毛利率只有10%，每个月的毛利润还是150万元；当每个月产值达到2000万元的时候，毛利率只有5%，每个月的毛利润就只有100万元了。这个简单的账目其实大家都会算，这就是为什么很多企业规模越做越大，而效益或者说经营者的幸福指数却越来越低的原因。

随着规模的扩大，为了保证能够按时保质地向每一个客户交货，企业就不得不增加各种投入。在上面的例子中，当月产值达到1500万元的时候，其中有5%的利润被投入到了常备的原料库存、管理之中，不然就会制约企业的交货进度，失信于客户。

企业的订单越来越多，为了满足产能的需要，企业投入的人力、物力、财力也越来越多，表面上看，企业的规模是越来越大了，但是企业的成本、盈利平衡点（即“保本点”）也随之越来越高。

规模和经济可以成正比，亦可以成反比，其分水岭就在于管理的精细化，关键就在于如何把握盈亏平衡点。如果管理无序，就不能实现良性循环。无序的管理是企业有规模却不经济的主要原因。

2. 组织效率的高低是中小企业发展的“生死结”

很多中小私企的生产都有“淡旺季”之分。在淡季，接回来的订单有相当一部分是“散单”，利润空间很有限，因为要养活工人，不得已照单全收，什么订单都可以接。而在旺季，又不敢大量接订单，因为即使接了订单也做不出来。没有订单就没有效益，有订单也没有效益，这是很多企业面临的非常尴尬的局面，也是很多私营企业迟迟不能发展壮大的原因。

朗欧企管在各行各业做驻厂咨询的过程中发现，很多企业都有大量的积压订单。所以，基本上朗欧的老师进入企业之后所做的一个常规管理变革就是将工厂所有订单重新进行梳理和评审，制定新的交货计划。

组织效率的高低是中小企业发展的“生死结”，是衡量一个企业管理优劣的标准。通俗地说，组织效率也可以指企业的整体效率。

很多中小私企面临的问题是，个体效率高而整体效率低，这种现象在以计件制薪酬模式为主的工厂里尤为突出。计件制的薪酬模式，是按照工人生产的合格品的数量（或作业量）和预先规定的计件单价来计算报酬的一种工资形式。这种看似很合理的分配方式其实需要更高水平的精细化管理与之相配套。但我看到的现象恰恰相反，很多企业将计件制看成是一种可以弱化管理的薪酬模式。

计件式薪酬的弊端在哪里呢？其最大的弊端就在于，员工只顾生产自己本工序的产品，而不管与其他产品配不配套，也不管最后出不出得了货。我在一家家具厂就发现，很多员工只挑好做的、单价相对比较高的产品来做，车间也是挑单生产。而做出来的东西是不是下一工序需要的，是不是需要紧急出货的，却没人关心。

所以，很多企业都会出现这种现象：车间每个员工都很忙，但车间一大半的空间存放的都是半成品、在制品，其实这就是没有整体效率的表现。结果就是，企业占用的资金量大、订单准交率低、生产周期长，长此以往必将失去客户的信任，从而失去竞争力。

“订单 = 效益”“规模 = 盈利”不再是必然成立的，而是有前提条件的，它必须建立在精细化管理的基础之上，体现的是组织效率。

有经验无记忆的中小私企

经验，是每一家企业在招聘时衡量人才的重要标准。一旦吸纳了有经验的人才，就可以减少人才培养的成本，就可以让很多企业不必再因为人的不专业而增加试错的成本。这是很多中小私企老板的共识，而正是这个长期形成的共识，让一些中小企业信奉人才引入的“拿来主义”，总是想方设法、挖空心思去外面找“高人”、请“能人”，花费了很多的人力、物力、财力。

但好不容易请来了“高人”“能人”以后又发现，这个“高人”“能人”的表现和业绩又不能达到企业的要求，反而还影响了团队本来的薪酬结构和团队文化。

我曾经在广东顺德龙江镇的劳务市场上目睹过一件事：顺德龙江是中国办公家具生产主要基地之一，所以当地的劳务市场上招聘的基本都是家具厂需要的从员工到管理者的各种人才。一个喷油工前来应聘，刚好有两家家具厂的人事经理在同时招聘喷油工这个岗位。从简历上来看，这个喷油工确实有经验，是老师傅。他与 A 公司的人事经理谈的薪资是 8000 元一个月，对面 B 公司的人事经理就说这边可以开 8500 元一个月，然后 A 公司的经理说 9000 元一个月，然后 B 公司的人事经理又说 9500 元一个月，接着 A 公司的人事经理又说 10000 元再加绩效奖金……最后这个喷油工很开心地在 A 公司的人事经理处填了入职表。

这是一个真实的场景，招聘一个熟练技工像一场竞标会一样。也许你会认为这是现在用工短缺、用工荒造成的。但如果仅仅是工人数量短缺的问题，并不用这么大费周折。其实这是我们对经验的需求，且我们对经验的需求和期望远远大于了经验本身。

我们真的缺经验吗？很多企业都成立了五年以上，有的成立了十年、二十年甚至更长的时间。企业的老板毫无疑问是这家企业、这个行业中很有经验的人，甚至可以说是这个行业的专家。很多企业多年来已经请过无数有经验的人，而现状是专家都有经验，但只要这几个专家闹点情绪，工厂的运营就会受到影响。家具厂的开料师傅走了，木工车间就停工了；印刷厂的排版师傅走了，整个企业就面临着停产。所以，我们的工厂、我们的企业是不缺经验的，真正的问题在于很多经验仅仅掌握在个别员工手中，而没有形成组织记忆。

什么是组织记忆？**组织记忆指那些存储于组织内部、可以用于当前决策的信息**。通俗讲，就是企业多年发展下来，形成的一套解决问题的模板，它不依赖于个人，而依赖于组织。

这是一个共性的问题。所以，朗欧企管的老师在很多企业做咨询时，会将操作熟练、效率高的企业员工的操作动作拍成视频，并加以注解，每个星期都组织人员进行学习和点评，并不断地进行更新。这就是操作动作的组织记忆，也是企业的经验。**我们要学会在经营管理企业的过程当中将每个人的经验转化成企业的经验。**

企业创办了一二十年，很多老板都是全才，因为自从企业创办以来，唯一没有离职的就是老板。这个门不会焊了，就去找老板，老板什么都知道。但是当企业规模大了以后，企业要有序地经营下去，唯有靠组织记忆，当形成组织记忆后，才能够把经验进行传承。就像操作动作视频一样，只要新员工进来，就拿这个视频培训他们；有新的工艺改良，就要拍一些新的动作视频。

组织传承是跟组织记忆挂钩的。企业里面要有一套组织记忆的工具，才能把企业的很多经验传承下来。比如，每天要有日计划、日报表、领料单、退料表、流程文件等。很多企业没有做好这一点，因此没有形成组织记忆，**只有个人记忆，个人经验没有形成组织记忆，就会导致企业对某个人的依赖。**

例如，很多企业依靠厂长来进行车间生产的整体安排，这就是对个人经验的依赖。如果企业能够将每天每条生产线的产能加以统计，将每款产品的生产周期进行核定，对每个订单进行严格的评审，通过 PMC 部来统筹安排生产，就可以将个人经验转化为组织记忆。

朗欧企管在企业中抓执行的时候，采用稽查的方式，每天检查每个人的执行率，随时调取每个人过去的工作情况，做得好与不好、执行率高低都清清楚楚。这就是一种组织记忆。

稻盛和夫先生推广的阿米巴经营模式，其中的独立核算、每周每日的核算就是一种组织记忆。稻盛和夫不管这个员工人品怎么样，他只是把账算得清清楚楚，以事理人。在拯救日航的时候，他就是将每趟航班一落地的盈亏都算得清清楚楚。而我们现在很多员工动不动就跟老板提加工资，不加工资就不干了，老板往往也一筹莫展……这就是组织记忆和个人经验的区别。

有经验、无记忆是中小私企普遍存在的一个问题。没有组织记忆就没有传承，没有传承就没有进步，所以我们总是处在寻找经验的过程中，用佛教的说法就是还在一个“轮回”里面，我们要向“内求”，才能找到突破之道。

有文化无匠心的中小私企

一谈到匠心，一谈到工匠精神，我们就想到了德国、日本，最近甚至掀起了学习德国、日本工匠精神的热潮。我并不反对向先进制造业的代表国家学习，但不能全向外求，**“中国制造”需要用时间来换空间，用产品来赢信任**。再者，工匠精神并不是舶来品，从古到今，中国从没有缺少过工匠精神，其实每个中国人心中都有一颗匠心，只不过是在当代商业浪潮中被冲淡了而已。我们要做的就是重拾匠心，重塑工匠精神，就像随身携带着一本很久以前看过的书，现在重新从口袋里掏出来看一遍一样。

从公元前200多年到公元18世纪末，在2000多年的农耕经济时期，中国的丝绸、陶瓷、茶叶、金银器等商品都是世界各国王宫贵族和社会高阶层人士的挚爱。中国古代的一些书法、雕塑和手工艺品至今都是世界各国博物馆的镇馆之宝。那个时候，世界各国对中国工匠制造的产品比我们现在对日本的马桶盖、德国的厨具、澳大利亚的奶粉还要痴迷。然而，西方资本主义国家从18世纪60年代就开始了工业革命，而中国从1840年鸦片战争开始经历了100多年的灰色时期。新中国成立后，我国仅仅用了几十年的时间就成了世界第二大经济体，“中国制造”正在一步一步地重新走出国门，而这些产品必然传承着一种工匠精神。

现在提到“中国制造”，一个耳熟能详的词就是“产能过剩”。但是，我们的产能真的过剩吗？如果真的产能过剩，为什么中国的消费者还要到日本去买马桶盖、电饭煲？为什么国外代购、海淘还这么流行呢？

其实，我们去海外采购的这些产品在国内都有。与其说是中国制造业的产能过剩，不如说是中国生产的产品品质不高。至少产品质量的提升能有效解决一部分“产能过剩”的问题。这才是“中国制造”要转型的重点，如果不提升品质，过剩的产品将越来越多。

北京大学国家发展研究院教授周其仁呼吁：“我们中国制造必须要进行一场品质革命，否则，将别无出路。”无论是专家学者的研究还是现实生活的情形，无疑都在印证着这一点。

企业文化的背后是匠心，匠心离不开企业文化。文化在外，匠心在内，没有匠心支持的企业文化都是“纸文化”。我在为企业提供咨询服务的过程中发现，很多中小私企老板听过一些培训课以后，便在企业中大力推行企业文化，看起来热闹非凡，但是实际的效果却每况愈下。有些老板甚至简单地认为，挂一些文化标语就能形成企业文化。

中小私企不能总是跟风炒一些新概念，学一些新手法，而应当静下心来，从产品工艺、企业内部管理、产品品质入手，实实在在地改善，踏踏实实地往前走。制造业是一个重资产的产业，要维持整体供应链的平衡，就不可能实现快速大转型。

企业必须要静下心来，心不静，无以成事；就算能成，也会付出很大的代价。如果仔细研究所有成功的企业家，他们之所以能够创办成功的企业，并不是因为他们学到了什么“大招”，而是因为他们在坚持重复一些简单的工作。

海尔集团首席执行官张瑞敏先生讲过："简单的事情重复做，就是不简单。"所以，中小企业要从每一件小事入手，用一颗匠心去办企业，未来"中国制造"的佼佼者一定是工匠型的企业家而不是商业型的企业家。企业家要在工作当中去发掘对工作本身的热爱，而不是仅仅想着做这件事给自己带来的物质回报。

真正的企业文化是一个企业整个体系运作的外在显像，企业文化不是口号，企业文化的优劣不是以墙上标语的多少和水平的高低来衡量的。我看到有的企业在老板办公室的墙上挂着稻盛和夫先生的"敬天爱人"，在文化墙上挂着"六项精进"，但企业实际的运作、企业中员工的行为都与之大相径庭。真正的企业文化是由一个个具体的动作构成的，要像个工匠一样从每一天、每一件小事做起，这样一来自然而然就会形成一个良性的、优秀的企业传统和企业文化。**没有实践支撑的企业文化都是"口头文化"，没有匠心支撑的企业注定不能长久。**

耗不起、放不下、舍不得的企业老板

1. 耗不起

中小私企老板在身份之苦和孤独之苦中修炼自己。“从白手起家到企业颇具规模的过程中，我一直采取的是‘补漏式管理’。”这是昆明一位企业老板的原话。很多私营企业主、民营企业家没有管理经营的系统思维和系统实践，很多人都没有预料到企业通过几十年的发展能够做到如今的规模。我形象地称之为“哈慈五行针”式管理，因为哈慈五行针当年的广告语是“哈慈五行针，哪儿疼针哪儿”。

这一点，“50 后”“60 后”以及部分“70 后”的企业家体会得最为深刻。在管理上、在经营中总是遇到问题才去解决问题，而没有系统性的、机制性的解决方案，导致同样的问题总会周期性地出现。

企业在粗放式发展、野蛮式生长的时代，在高毛利、低风险的时代，靠着“高增长”这件漂亮的外衣掩盖了许多实际问题。当经济形势有压力的时候，很多企业家只能“四处问药”“到处求医”，最后反而让自己“病得不轻”。主要有以下几种表现：

（1）跟风病

当实体经济遇到压力的时候，中小私企老板们发现到处都在讲互联网，都在讲打造平台，都在讲联盟，都在讲跨界，都在讲投融资，都在讲打造生态……于是乎，大家纷纷去找“风口”：做服装的老板跑去打造供应链平台、定制平台、营销平台；做门窗的老板跑去做无人机；做五金的老板跑去做自动化设备；做鞋子的老板跑去做基金……大家都认为只有自己的这个行业是红海，其他的都是蓝海。

这些企业家讲起O2O、C2M、F2C、“工业4.0”等都头头是道，但其实自己工厂的内部管理连海尔当年的OEC都没有推行下去。结果“风口”还没找到，就倒在了找“风口”的路上；要不就是找到了“风口”，却发现“风口”前站满了人。

（2）模式病

一些企业家总试图去找一些好的管理模式、经营模式。各种类似“让你快速成功”“十倍利润增长”“听三天课，每月只需上三天班就能管好企业”的培训课程现场，到处都有企业家的身影。

从知识面的角度来讲，很多企业家的综合能力绝不会比专业的培训师差。但是，**有些企业家总想找出一套模式，希望能够解决企业所有的问题；总想找出一套模式，能让自己一劳永逸**。最后却发现所谓的模式只是“雾里看花”“竹篮打水”。

（3）守成病

一些幸运儿一直走在成功的路上，而疏于发展、创新。马云说过，当一个成功的人不愿意改变昨天成功的模式的时候，是很危险的。从阿里巴巴的创立到成熟，马云出色地扮演了一个B2B领航人的角色，然而，在其将视线转向 C2C、欲投资一亿元打造“淘宝网”的时候，阿里巴巴内部反对声一片。很多老员工认为，阿里巴巴的 B2B 刚刚存活，现在却要转向 C2C，与 C2C 巨头 eBay 网竞争，无异于以卵击石。eBay 当时的市值是 800 亿美元左右，而阿里巴巴当时的市值还不足 1 亿元人民币。直到发布会前 2 个小时，还有人找马云谈话，反对他的这个决定。但是，马云看到了 C2C 的“钱”途，下定决心要打造淘宝网。最终，马云带领淘宝一步步抢占了 eBay 的市场，打败了这个 C2C“王者”。

的确，当时的阿里巴巴在 B2B 市场上是成功的，但是，如果马云和其他老员工一样守着 B2B 市场的“一亩三分地”，不去探索、尝试更好的经营模式的话，就不会有今天更辉煌的阿里巴巴，也许就没有今天的“BAT”（指百度、阿里巴巴、腾讯）一说了。

在制造型企业里又何尝不存在一些“守成”的人？有些老板固守旧有的状态和模式，习惯于“等、靠、要”，不去进行管理的升级和经营的变革，还是用老一套办法来管理员工、经营企业，简单地认为只要企业当下还在盈利，其他的问题就无伤大雅，把企业管理成一副“老态龙钟”的样子，整个企业失去了活力，也没有了成长性。这就是现在很多老企业、大企业往往竞争不过新创企业的原因。

所以，企业老板不能沉迷于昨天取得的一点点成就。当今这个时代，企业要发展，更需要创新，当然创新也并非是对企业在过往发展中形成的管理理念、经营理念的全盘否定。企业从创办到颇具规模，一代企业家完成了资本、技术、市场、资源的原始积累，他们的成就是有目共睹的，企业在经营中积累的经营管理理念也有着可取之处。但是，**守成不应该是对传统一成不变地留恋与看护，而应该是对传统精华的传承，创新也应该是在继承传统理念基础上的**

发展与创造。

企业创新需要不断地进行管理升级和经营变革。中国制造型企业的“一代”企业主，大都是“50 后”“60 后”“70 后”的企业家。问题是，作为“50 后”“60 后”“70 后”的他们，还能够花那么多精力在工作上吗？一方面，父母、小孩等社会关系占用了他们大量的时间；另一方面，谈到跨界、创新，老一代企业家的思维方式、专业能力、创业心态能和“80 后”“90 后”相媲美吗？

我的好朋友，著名财经作家吴晓波老师在 2016 年就提出：“把世界交给‘80 后’‘90 后’。”老一代企业家应把更多的精力投入到二代企业家、年轻核心团队身上，让他们去创造一个新的世界。

2. 放不下

当企业面临各种问题的时候，很多企业老板都想过，这么多年，自己的原始积累也够了，自己的小家，甚至整个家族三代都不会为经济上的问题而发愁了，为什么现在还要做得这么辛苦，承受这么大压力，能不能干脆放下不做了，将企业关掉？

但真的关得掉吗？一家企业关系的不仅仅是它本身，还有整个供应链、整条产品线。那么多的土地、厂房、设备又怎么出手呢？卖不了好价钱，贱卖又不值得。就算真的下定决心将企业关掉，做好清算，去工商局注销，整个流程也没有那么容易。

再想想，可不可以被收购？如果企业经营得好，就不会想着被收购；如果经营得不好，被收购也不会有多高的价值，企业老板一样不会甘心。

有些老板认为把企业做成上市公司，做成公众公司，就可以“解放”了。但事实上，企业上市需要做大量的、长期的工作，并且需要较高的规范性成本。企业市场化、资本化是一个很好的途径，但企业老板不能以“解放自己”作为上市的目的。就算上市了，老板们也还是放不下，因为**上市对于企业来讲只是一个经营过程，并非是一个终极目标。**

“那找个职业经理人来经营管理可以吧?”无数的案例证明，能够成功运用这种方式的中小私企少之又少，这个问题在后续的章节中会详细分析，这里不作赘言。

“那我传给我的子女吧。”但是，很多企业家的儿女在上高中、大学时就被送出国门了，所接触的文化、地域和社会不一样，子女们可能完全没有兴趣来接这个班，有些父母也不忍心让子女继续从事制造业。就算子女来接班，一代企业主也得好好地辅导，不然企业里的“老臣子”、企业之前的管理方式都会成为子女接班的障碍。在我咨询辅导的企业中，有许多这样的例子。很多企业老板跟我说，最大的心愿就是将子女培养出来。所以，近两年，在一些原来不怎么注重管理的行业中，越来越多的企业老板主动找朗欧进行咨询辅导。

简单分析下来，“放下”似乎变得不可能了。

3. 舍不得

著名财经作家吴晓波在2016年的一次演讲中提出一个探讨性的话题：做企业究竟是“养猪”还是“养孩子”？这个话题在网络上和现实社会中引起了激烈的讨论。

“养猪”，是养肥了就卖掉；而“养孩子”，要精心呵护、百般照顾，并且照顾一辈子。很巧的是，同年，朗欧与一家养殖了万头奶牛的牧场达成了咨询合作，这是朗欧唯一一个非制造业的咨询项目。当我看到牧场的奶牛的时候，我忽然意识到，做企业应当是“养奶牛”。养奶牛的目的是什么？产奶。这就相当于经营企业的目的是盈利。当奶牛不产奶的时候可以将不产奶的牛卖掉，再养其他产奶的牛。养奶牛也需要精心呵护，虽然把不产奶的牛卖掉了，但其他的奶牛还是得继续养。这相当于在企业里面不断地进行产品升级、客户升级、团队升级。

一家企业，是企业家奋斗几十年的结晶，企业早已经变成了一个情感的载体。要是一下子将企业卖掉，企业家还是舍不得这个载体的。再者，企业里有成百上千的人，团队里面又有很多人是跟老板一起成长起来的，在企业里服务了这么多年，如果把企业卖掉，面对这些人，在情感上，老板也会有些舍不得。

就算一切都舍得，放下企业，环游世界，悠闲地过着退休的生活。但是，这种生活真的充实有意义吗？朋友圈的关系还像原来那么紧密吗？答案是否定的。至少有三家我咨询服务过的企业是从别人手上收购过来的企业，有一个老板把企业卖掉以后，生活实在太闲了，又回到被自己卖掉的企业里面做业务和市场扩展的工作。所以，无论是在情感上还是在工作需求上，都注定了企业老板的舍不得。

“耗不起、放不下、舍不得”是“50 后”“60 后”以及部分“70 后”企业家内心的焦虑，外在的体现则是产业的焦虑、知识的焦虑、资本的焦虑。如何从焦虑中突围，是企业家必须要思考，要用智慧去化解的问题。

担不起、逃不掉、回不去的企业员工

曾经网络上有一篇名为《进不去的城市，回不了的农村》的文章道出了许多在外务工者的心声，在朋友圈里“刷屏”了一段时间。这篇文章剖析了城市化、城镇化建设过程中产生的一个社会现象，而我想从企业员工的职业化这一角度来引导大家思考这个现象。

中国的制造型企业，特别是大量的中小企业，员工的职业化程度并不高。改革开放以后中国制造业才真正兴起，对员工的职业化的训练也才开始，这里不是指培训特种岗位人员，而是培训普通的产线工人和一线的管理者。职业化培训周期短、职业化教育投入不足、职业化教育经验不足是造成企业职工包括老板职业化程度不高的原因。

我考察过一些制造业强国的企业，很多企业都有自己的技工培训学校，像保时捷、大众、奔驰等。一个员工在进入这些企业工作之前，可能已经在定点的学校进行了八年，甚至十年左右的专业化培训和技能训练。而反观国内的企业，做得好的，有入职培训和一周的新员工岗前培训；做得不好的，可能员工招聘进来就直接上岗参与作业了。**员工职业化程度不高是企业的现状，是每一家企业都或多或少存在的问题。**

很多人想去好的企业，比如世界 500 强企业、上市公司发展，想做更高的职务，但却不能达到它们的岗位要求。表面上看起来是个人技术、能力的问题，其实背后是职业化的问题。所以，如何提高自身的职业化水平是每个人要思考和解决的问题。

现在各行各业都在讲转型升级，一些年产值在 2 亿元左右的中型企业，也都在进行着各项变革，例如管理的升级、企业的转型、技术的更迭、产品的迭代。员工如果不提高自身的职业化程度的话，恐怕会发现在企业里面越来越担不起事情。

“担不起”在企业中不是体现为员工自我感觉不能胜任，而是会体现为企业的经营业绩增长放缓、个人职位晋升慢等。很多人这个时候的第一反应是什么呢？——逃。怎么逃？最直接的方式是跳槽，社会上企业那么多，总会找到好工作。

有些人甚至用“坑、蒙、骗”的方式去找新的工作。比如，一个人在一家企业里做班组长，他就会在简历上写“曾担任过主管岗位”；原来管 50 个人，他也许会说“管过 100 个人”……短期内，他也许能找到一份比原来好一点的工作，但时间一长就会发现，其实各个企业、各个行业里面的待遇、工作环境都差不多。

其实，**在不断地跳槽过程中，比起高出的一点点收入，损失的是内心的宁静，损失的是在一个企业里系统的职业化训练的机会。**有的人本来在一家公司能够得到系统的学习机会，而且有一个很好的团队能够帮助自己成长，但是，当他发现有公司开出比现有薪资高出 1000 元、2000 元左右的报酬的时候就毅然地选择了跳槽。做了一段时间以后，发现有些不如意，于是又找下一家，不断“逃跑”。最后发现，无论是从经济利益上还是从职业生涯的成长上，自己都没有太大的提升。这个时候才恍然醒悟，原来职业化水平的塑造才是对自身的价值、能力提升最重要的，也是避不开、逃不掉的。

既然逃不掉，那么自己创业呢？现在国家提倡“大众创业，万众创新”，创业看似很容易，有政策支持，而且信息发达，但其实，现在的创业环境已不是八九十年代那个只要敢想敢做、做什么都能成功的粗放式发展、野蛮式生长的状态了。各行各业创业的门槛都很高，当你进入到某个行业中以后就会发现，现在的行业已经高度细分了，都是片片红海。

诚如网络上的那篇文章所言，你想回去，已经回不去了。在城镇化建设过程中，你想回到农村，回不去了；你想回到那个敢想敢做就能成功的创业年代，也回不去了。

“担不起、逃不掉、回不去”是企业员工面临的一个职业困境。困境也是机遇，需要静下心来，充分利用现有企业的平台发展，充分利用时间学习，提高自己的职业化水平，提升自己的专业能力，在工作中不断修行，才能成就自己的职业生涯。

员工有信仰，企业有希望，团队有力量

2015 年 2 月 28 日，习近平主席在会见第四届全国文明城市、文明村镇、文明单位和未成年人思想道德建设工作先进代表时强调："人民有信仰，民族有希望，国家有力量。一个国家，一个民族，要同心同德迈向前进，必须有共同的理想信念作支撑。"

在一次清华大学职业经理人训练中心组织的企业家培训论坛上，我将这句话类比到企业发展中，提出了："员工有信仰，企业有希望，团队有力量。"

我认为，社会由三大体系构成，即政治法律体系、道德体系、信仰体系。在社会上，我们要遵守法律法规的底线，也要做一个品德优良的人，更要信仰自己的人生信条、家训等。大到国家、社会如此，小到企业中呢？员工既要遵守企业的规章制度，也要品德优良、跟同事相处融洽，更重要的是，要认同企业文化、企业价值观。

古话说："千人同心，则得千人之力；万人异心，则无一人之用。"意思就是，一千名员工齐心协力，拧成一股绳，就可以发挥出超过一千名员工的力量，但是即使有一万名员工却不能团结协作，没有凝聚力，结果恐怕连一个人的力量也比不过！

我所说的信仰不只是指宗教信仰，亦指我们的企业文化、价值

观。不同行业的企业应当要有自己的核心价值观和企业文化。例如，食品厂要注重食品卫生安全，电器厂要注重产品品质等。当然，如果整个团队有信仰是最好的，因为信仰是一个体系，有着系统的修行方法。就像现在很多企业开展国学的培训，弘扬中国传统文化，这是非常好的现象。随着社会的发展，当物质生活丰富以后，人民群众对精神的需求变得越来越强烈。在企业中，企业家也要重视员工的精神需求，以便更好地指导工作。

特别是西方国家，更注重精神信仰的追求。我到国外，跟很多外国朋友沟通交流的时候，他们总会问："你有信仰吗?"我说我信仰佛教。知道你是一个有信仰的人，他们才会跟你深入地沟通，才会跟你做生意。从自身来讲，一个人有信仰，有助于内心平和与宁静。**信仰让每个人心有所依，行之有度。**

2017 年 6 月 20 日，由张杨执导的电影《冈仁波齐》在中国上映，这部影片里许多地方都采用自然原声，没有特效。上映之初在电影院里的排片率不到 1%，上映 5 天票房才刚过 1000 万元，但一周后，该影片在朋友圈、各大媒体中引起了强烈反响，收获了大量认可。

这部电影里面的每个人都有着不同的故事，也怀揣着各自的希望。为了去冈仁波齐朝圣，这支十一人的队伍历时一年，用每三步一磕长头（藏传佛教信仰者最至诚的礼佛方式之一）的方式走完了长达 2000 多公里的朝圣之路。一路上遇到了很多艰难险阻，但都没有停步，特别是当拉行李的卡车被撞坏之后，只能靠人力拉着车斗前行，每拉过一段距离后，拉车的人需要折回去再磕头重走一遍。这就是信仰的力量！

我们企业也得注重员工的精神需求，让员工有信仰，在浮躁的大环境中寻得一份内心的宁静与安详。**用修行之心工作，用修行之心办企业。**

首先我们老板要有信仰（当然不仅仅是指宗教信仰），在办企业、在工作的过程中修行，在修行的过程中去提升，去突破，给员工树立一个好的榜样。然后，带动整个团队一起共修，成就精神世界的富足，以苦为乐，踏踏实实办企业，踏踏实实做工作。最后做到**员工有信仰，企业有希望，团队有力量。**

第二章

如何做好精细化管理

管理是永远的蓝海，随着信息化的发展和社会分工的不断细化，只有靠管理这个软实力，才能让一家企业真正具有生命力。

设备的稳定比先进更重要，技术的适用比前沿更重要。

精细化管理就是精益求精、细化分解、持续落地、管事情、理人心。

如果要让员工承担一定的责任，就应该赋予其完成责任所必需的权力，并给予其与所承担责任对等的利益。

一个管理得好的企业，一个科学化管理的企业应该具备把员工从“阻燃型”员工转变成“燃他型”员工的能力。

在管理中，要懂得对过程保持关注，控制好过程才有好的结果，离开过程一切结果都是空谈。

对于中国99%的中小企业来讲，人才适配比人才本身更重要。

PMC、稽查这两个岗位不能缺，如果没有这两个岗位，老板想要做到知情，就得天天自己到车间了。

管理是永远的蓝海

2017 年，中国制造业在“涨”声一片中沸腾了。先是煤炭、钢铁、造纸业一路狂飙，接着运输、化工原料、电子元件、包装印刷接力狂涨。除此之外，员工工资、社保每年也要保持 12% ~15% 的涨幅。然而，在这一波“涨”声中，企业的利润率、市场占有率并没有相应地上涨，企业主普遍感叹“压力山大”，企业家的经营幸福指数渐下。

国际上，几只“靴子”终于“落地”，英国脱欧、特朗普当选美国总统、美联储加息……这些“大环境”无一不对中国制造业产生了大大小小的冲击，很多制造型企业的企业主在喧嚣中陷入了沉思和迷茫。

1. 让企业先活下来

我经常会跟企业家讲《老板和老虎》的故事：有两位老板在森林里行走，他们遇到了一只老虎。其中一位老板赶紧从身后取下一双更轻便的运动鞋换上，另外一位说道：“你再换鞋也跑不过老虎啊！”换了鞋的那个老板回答说：“我只要跑得比你快就行了。”故事很残酷，但也能给我们很多启发。

（图片来源于网络）

当下制造业的生存环境就像那片有虎的森林，企业家抱怨大环境不好、钱不好赚，但是没有用，大环境不会因为个人的意愿而改变。

回到刚才的小故事中，你干嘛要到最后关头才想着跑赢老虎呢？要想不被老虎吃掉，最好在没遇到老虎之前就换上轻便的运动鞋，跑赢同行的人。同样，**企业最重要的是先活下来，改变不了经济大环境，至少要在同行业中超越竞争对手。**再者，就像马云所说："我们很多企业还没有达到大环境一不好就影响生死存亡的规模。"的确，没有不好的行业，只有不好的企业，因为每一种产品、每一个行业都有其特定的消费群体和市场规模，如果企业能够练好内功，"跑"赢同行，在市场中一定是有立足之地的。

寒冬中，企业首先要考虑的应该是让自己先活下来。怎么样才能超越同行活下来呢？这就要求企业静下心来，在精细化管理这片"蓝海"中做足功夫。管理是永远的蓝海，随着信息化的发展和社会分工的不断细化，只有靠管理这个软实力，才能让一家企业真正具有持续的生命力。

2. 粗放式经营管理的时代已经过去

目前企业管理面对的核心问题是，粗放式经营管理的时代已经过去了。在20世纪90年代，企业营销主要是人脉营销。只要有人脉，靠吃饭喝酒就能把订单接回来。但是，现在还有人为了一个订单拼了命地喝酒吗？很少。特别是现在有很多“企二代”，让这些新生代企业家用这种方式去谈生意，也不太现实。**在竞争日趋白热化的今天，企业只有为客户准时提供合格的产品、提供优良的用户体验，才能够赢得客户的信任。**

过去的很多企业（甚至目前的部分企业）在管理中采用的都是粗放式管理，大多靠企业老板和员工的个人能力、责任心、敬业精神来推动企业发展。但是随着企业规模的发展壮大，虽然营业收入提高了，利润却不如企业规模小的时候。为什么企业规模大了反而不赚钱了呢？根本上是由管理的粗放导致的。**粗放式管理追求规模的“野蛮生长”，管理过程中形式主义严重，没有完善的流程机制，没有具体的量化指标来精确衡量企业的状态。**最终，粗放式的管理使企业的生产效率、产品质量和服务水平都无法得到提升，企业空有规模而不盈利。

我们常说：“经济全球化不断深入发展。”全球化意味着至少4个方面的全球化：资本、货物、技术、人才。中国于2001年加入WTO（世界贸易组织），更加深入、积极地参与到了全球化的进程中。十多年来，我们发现，美国华尔街引领了资本全球化；自由贸易区的建立和跨境电商的发展为货物全球化提供了新的动力。但是，所有发达国家的核心技术和关键人才却似乎并没有参与到全球化的进程中来。

2008 年国际金融危机爆发之后，世界各国的经济增速放缓，直到现在仍在艰难复苏。大环境的改变，使得全球化未来的趋势发生了改变。各个国家都力求“自保”：贸易保护主义抬头、逆全球化浪潮不断掀起。

当一个国家自身的经济增长步履维艰之时，当资本输出和货物输出趋于饱和以后，它一定会利用自己所拥有的技术和人才来实现发展。中国的制造业面临着国内地域性转移和全球制造业转移这两大趋势。国内地域性转移在珠三角地区表现得尤为明显，许多劳动密集型企业、对环保要求高的企业都进行了外迁。从全球制造业转移的角度来看，东南亚的许多国家也正像 20 世纪 90 年代的中国一样在大力发展制造业。在这两种趋势的推动下，“中国制造”一定会从“量”向“质”进行转变。

因而，粗放式发展的时代已经过去，粗放式盈利的时代已经结束，粗放式经营管理的时代已经远去，粗放式生长的制造业的寒冬在 2017—2025 年悄然来临！

3. 做精做强，是中国中小制造型企业最好的出路

我曾经在网上看到一组数据，德国中小企业的数量大概占德国全部企业的 99.7%，日本的这一比例是 99.3%，美国大概在 99.0%，而我国的中小企业数量也占了 99% 左右。虽然不同国家对中小企业的界定标准不尽相同，但至少可以说明一个趋势，**先进的制造业强国都注重发展专而精、精而强的企业，而非一味追求企业规模**。

中小企业是一国经济活力的来源和创新的源泉。提到德国制造

业，可能很多人首先联想到的是奔驰、宝马、大众、保时捷等工业大鳄，但其实，约占德国企业总数99.7%的中小企业贡献了约54%的经济总量，贡献了62%左右的就业岗位，它们才称得上是德国经济的中坚。基本上我每年都会去德国进行工业考察，看到很多50人以下的德国小企业中的技术、产品都可以达到世界领先的水平。

这些走在世界制造业前列的“带头老大哥”国家的制造业都是以中小企业为主，而非规模很大的企业。由此可以看出，做精做强才是接下来企业发展的方向，才是中国中小制造型企业最好的出路。

4. 静下心来立足管理升级

为什么要静下心来？因为只有静下心来才能够觉知到、感受到企业发展过程中的问题，才能够深入地研究整个行业的状况，制定切实可行的、适合企业发展的策略。

明确了中国中小制造型企业的出路是做精做强之后，新的问题来了：如何做精做强呢？除了国家层面的政策扶持和职业教育体系的改革创新之外，中小企业主应该静下心来，从求外转向求内，把力所能及的管理升级先做好。

管理升级是没有尽头的，再伟大、再先进的公司，即使是海尔、格力、美的等大企业都会狠抓管理。**无论在什么行业，无论是哪家企业，无论在何种阶段，管理都应该是永抓不懈之事。**

管理升级，这是中国制造业改革的方向。在这个过程中，企业家不要浮躁，不要想着在战略上有翻天覆地的变化，企业需要发展升级，但并不是所有的企业都需要战略转型。因为翻天覆地的变化意味着翻天覆地的痛苦；翻天覆地的痛苦背后又意味着非常高的风险和成本。

制造业是一个重资产型的行业，像朗欧企管合作过的一家造纸企业，一条生产线的固定投资价值一亿多元，五六条生产线就是五六亿元的固定资产，不可能一次性“大换血”。所以，企业家不能浮躁，不要被“炒概念”的人错误地引导。

当然，我不是说“炒概念”的人都是错的，他们的确提出了一些具有前瞻性的概念，但是很多具有前瞻性的概念，只适用于站在产业链顶端的企业，而中小企业究竟是站在产业链的顶端，还是中端，还是底端？企业家首先要审视自己的企业，找到企业在产业链中的定位，从而给经营定位、给管理定位。

不少企业家迷恋各种新概念、新思维，去听“高大上”的培训课程；有的企业家走出国门，美其名曰“考察德国‘工业4.0’”；有的企业甚至直接花巨资收购德国企业。但是，有钱就真的能买来“工业4.0”吗？我看未必，德国工业的核心技术是买不来的，即便买来了，也未必适用于中国的传统制造业，因为我们缺乏能够掌握先进技术、操作先进设备的人才。

企业的升级，不仅仅是技术的升级，更是管理的升级和企业文化的升级，而且一定是有次第地、循序渐进地升级。

中小企业在管理上是有很大的改善空间的，而且管理的改善是企业力所能及的，风险并不高，因此企业家要静下心来，在管理上做足功夫。

管理升级能够解决很多企业面临的现实问题。比如，订单是否准交？品质合格率能不能达到客户的要求？效率能不能再提高？浪费能不能再减少？就以浪费为例，我常说：“**企业不是没有利润，而是被浪费掉了**。”我去过很多家工厂，看到工厂人力的浪费、材料的浪费、工时的浪费等是非常惊人的。

5. 用管理升级，用技术创新，用营销强身，用战略取暖

当企业的管理水平上升到一定阶段的时候，企业应该拿出利润的20%～50%来做技术创新，如生产线的优化、设备的优化、工艺的优化等。

很多企业家会走入一个误区，即跳过“管理升级”这个台阶，直接做“技术创新”。我认识的一位老板就是这样。他迷恋于“工业4.0”的概念，认为只要用全新的自动化设备，一切问题就能够迎刃而解，于是斥巨资更换、升级设备，最后却让企业陷入关门倒闭的窘境，原因在于如果企业的管理跟不上、人才跟不上、文化跟不上，使用再先进的设备也无济于事。

从设备这方面来讲，朗欧企管多年的驻厂管理咨询实战经验发现，**设备的稳定比先进更重要，技术的适用比前沿更重要**。即使企业有非常先进的设备，如果不稳定的话也会直接影响企业的生产效率及产品质量，从而造成巨大的人力、物力、财力损失。

怎么样才能够确保设备的稳定呢？还是要回归到管理升级上面。精细化管理能够保证设备的稳定，比如，定期对设备进行点检、保养，规范员工操作，优化产品的排布、生产计划等。

只有把“内功”练好了，在精细化管理的模式下进行技术创新，然后再拓展外部的营销手段，最后再用战略在制造业的寒冬中“取暖”，才能够真正做精做强中小制造型企业。简而言之，就是“用管理升级，用技术创新，用营销强身，用战略取暖”。

其实，真正的“老虎”是我们自己，是我们自己的内心没有准备好去迎接这一波“涨价潮”，迎接粗放式经营管理模式的终结带给我们的冲击。

所以，中小制造型企业的当务之急是要从管理开始，暂行精细化管理之路。套用马云讲过的一句话：“今天很难过，明天更难过，后天很美好！”中小制造型企业只有下定决心走精细化管理之路，不断做精做强，才能创造“中国制造”更美好的明天。

何为精细化管理?

什么是精细化管理呢?百度百科对“精细化管理”的释义如下:“精细化管理是一种理念,一种文化。它是社会分工精细化以及服务质量精细化对现代管理的必然要求。现代管理学认为,科学化管理有三个层次:第一个层次是规范化,第二个层次是精细化,第三个层次是个性化。”

而我对“精细化管理”的理解,来自于我多年与工厂打交道的经验和体会,具体可见下表。

表 2-1　“精细化管理”的含义

概念	含义	要求	朗欧企管实际操作
精	精益求精	工匠精神	现场改善
细	细化分解	求实精神	PMC 运作
化	持续落地	较真精神	稽查运作
管	管事情	知情	系统落地
理	理人心	平等心	团队打造

1. 精——精益求精——工匠精神——现场改善

首先,精是什么?精益求精。既然粗放式管理经营的时代已经过去,只要用钱就能解决问题、随便接个订单就能够让企业活得很好的时代已经过去，企业就必须精益求精。

在制造型企业里面，我发现了一个普遍的现象：倘若用钱能够解决问题，很多老板都很舍得花钱。但很多时候，花钱并不能解决问题。

我常说，企业跟朗欧企管合作，不是“花钱买平安”的事。我给很多合作企业方老板说的第一句话就是：“你要参与到这次管理升级、管理变革当中来。”没有这个前提条件，我宁可选择不合作。

虽然也有企业长期交由朗欧企管托管，如广东江门 FDMX 纸业等一部分企业与朗欧合作的时间已有 5 年之久，但朗欧的老师终究有天会离开企业，当老师离开以后，管理变革的效果怎么维持？还是得靠企业家自己精益求精地去学习、去钻研、去执行、去体悟。

要做到精益求精，就需要培养工匠精神。

什么是工匠精神呢？见仁见智，每个人心中都有一个“工匠精神”。董明珠，“中国制造”的一个代表性人物，曾多次在公开场合谈及“工匠精神”。她认为工匠精神是“大工业时代”精细化管理、精品制造的理念，就是要专注、要能够持续地去做一件事，最终的体现就是给消费者带来最满意的产品。

工匠精神对应到朗欧企管的实际操作就是“现场改善”。我们强调企业要懂得做“攻关”，“攻关”就是攻克难关、攻克瓶颈，就是现场改善。

现场改善要发动全员，要懂得向员工学习、向下属学习，因为现场的操作工了解的细节最多。

我强调现场改善一定要从现场入手。在朗欧管理咨询项目上，我们对咨询老师每天在车间多少小时有规定，要求他们不能一直待在办公室，一些流程文件可以在晚上加班的时候做，因为只有到一线、到现场才能清楚地了解状况。这也是朗欧企管的老师做得非常好的地方。

2. 细——细化分解——求实精神——PMC 运作

第二个“细”呢？细，即细化、分解。

过往的管理模式是很粗放的。比如，业务部指挥生产，只要业务部一接到订单，就给生产部下单。至于什么时候能交货？不确定。客户要的是什么包装材料？不确定。今天做什么？明天做什么？都不确定。在各个车间，员工觉得哪个产品好做就做哪个，哪个产品单价高就做哪个。

而要做好精细化管理，从此刻起，就要懂得细化、分解。这个“细”字，体现的是求实精神。浮躁的商业时代已经结束了，企业家不能再被外面的“云烟”挡住双眼。一叶障目，树叶看似很小，但是它能挡住你的整个世界。

求实精神对应的朗欧企管的实际操作是 PMC 运作。朗欧企管的 PMC 运作模式强调细化分解，就是将生产任务在执行主体与时间上细化至最小单位，然后在现场落地。关于 PMC 运作模式在后面的章节中会详细描述。

3. 化——持续落地——较真精神——稽查运作

化，即持续落地。化就是融入，就是渗透到每一个间隙中去。

持续落地需要较真精神。很多老板、高管会犯一个错误，觉得员工犯了小错误不重要、没关系，在追究责任的时候不较真，导致最后出现了大问题。

较真不是体现在大事上，一旦出了大事，我们只有接受，还较什么真呢？我们不能接受的其实是小事。很多老板恰恰相反，小事不追究，等出了大事就大发雷霆，几年以后发现，企业里面出的全是大事，所以天天大发雷霆，形成恶性循环。**一个企业，只有在小问题上对整个团队较真，才能够保证整个团队不出大问题。**

怎么确保企业具有较真精神呢？朗欧企管强调稽查运作，即反复地检查，反复地从小事上入手、抓执行。

4. 管——管事情——知情——系统落地

管，管事情，强调要做到知情。

知情就是最伟大的力量。企业中层、基层管理岗位的员工每天在做什么？谁在做？什么时间做？这些问题上级管理人员不清楚，就成了很多管理问题的根源。事情具体怎么管？如何做到知情呢？朗欧企管的做法是推动系统落地，在后面的章节中会详细论述。

5. 理——理人心——平等心——团队打造

而“理”呢？指理人心。人心不是靠“管”的，而是靠“理”的，理人心，就要求管理者有平等心。

通常意义上，人们对管理的理解就是“管人理事”。多年从事中小制造型企业（年产值8000万~8亿元）管理咨询的工作经历，使我发现，“管人理事”往往既“管不住人”也“理不好事”。因此，我提出“管事理心”的观点：人的管理要从事情入手，人心绝对不是拿来管的，人心是拿来理的。

简而言之，**精细化管理就是精益求精、细化分解、持续落地、管事情、理人心**。这就是我对“精细化管理”的理解，也许不够精确，但是对从事制造业经营、管理的朋友来说，也许更加实用。

精细化管理之“理人心”之道

前文提到，精细管理就是精益求精，细化分解、持续落地、管事情、理人心。本部分首先详述如何“理人心”，因为在企业管理过程中最受关注的就是“人”。经常有企业家对我说：“张老师，现在的人很难管啊！有没有管人的妙招、绝招?”那么问题就在于：如何理人心?

1. 企业中的人员分类

经营企业就是经营人。在稻盛和夫先生眼中，企业中的人可以分为三类：“自燃型”的人，“点燃型”的人，“阻燃型”的人。“自燃型”的人，就是不用别人激励和催促，行动完全自动自发的人。“点燃型”的人，是在别人的引导下能够“燃烧”的人。而“阻燃型”的人，则是自己不会自动自发地行动，即使别人鼓励、催促，也不会“燃烧”的人。

而通过多年的管理咨询实践，我认为企业里面的人可以分成四类：“燃他型”的人、“自燃型”的人、“助燃型”的人和“阻燃型”的人。这四类人可以用四个象限来表示。

横坐标正方向是自信，纵坐标正方向是业绩。横坐标负方向，

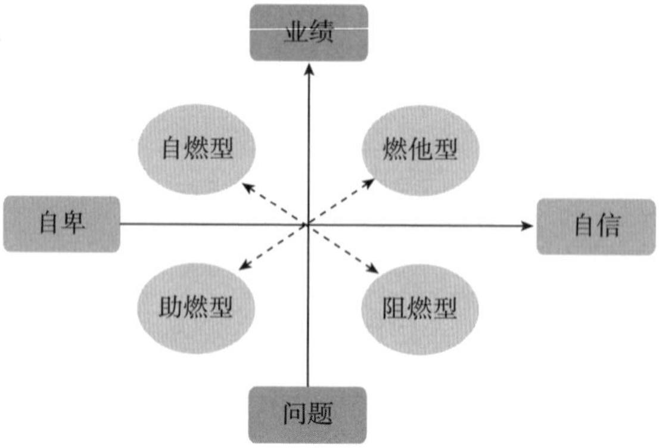

图 2－1　企业中的四类人

跟自信对应的是自卑，而纵坐标负方向，跟业绩相对应的是问题。如图所示，第一象限、第二象限、第三象限、第四象限分别对应“燃他型”的人、“自燃型”的人、“助燃型”的人、“阻燃型”的人。

首先来看第一象限：“燃他型”的人。这一类人自信，而且业绩很好。自信意味着其可以在精神上影响到其他人，业绩能够说明能力，这一类人可以成为领导，是可以被重用的。毫无疑问，在企业中大家都想要这一类型的员工，特别是企业的老板，经常说：“张老师，我太想要这样的人了，你接触的人才多，去哪里帮我找两个……”

第二象限：“自燃型”的人。这一类人有业绩，能把事情做得很好，但是自卑感较强，觉得自己做得还不够好。“自燃型”的人本来就有一定的能力且有业绩，但是总觉得自己还有上升的空间，因此会有学习、提高的需求。在正确机制的引导下，这一类人是能够成为“燃他型”的人的。

第三象限：“助燃型”的人。这一类人知道自己做的事有问题，做不出业绩，同时也很自卑，知道自己做得不好，能够认识到自己的问题。这一类人虽然不能够自动自发地提高业绩，但是在别人的引导和帮助下，也能够被培养成对公司有价值的人。

第四象限："阻燃型"的人。这一类人在企业中是最可怕的。他们很自信，但是存在各种问题。通俗地说就是问题一大堆，但是自我感觉良好，不服从管理，还会在团队中搬弄是非。

从入职到离职，很多人的性格和能力都会发生转变。一个管理得好的企业、一个科学化管理的企业应该具备把员工从"阻燃型"员工转变成"燃他型"员工的能力，即"阻燃型→助燃型→自燃型→燃他型"的转变过程。

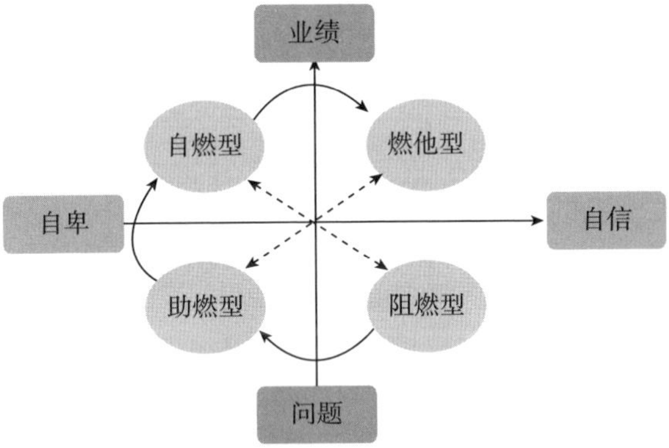

图2－2　员工能力的顺时针转变过程

然而，在现实的企业管理中，很多企业里面恰恰进行着相反方向的转化：好不容易招到一个"燃他型"的"高人""能人"，过段时间变成"自燃型"的了（有业绩，但是觉得自己做得不够优秀），再过段时间变成"助燃型"的了（领导不说，他就不做），再过段时间，变成"阻燃型"的了（领导说了，他也不做）。

为什么会出现这种情况？为什么很多企业的员工会逆时针转变，而不是顺时针转变呢？

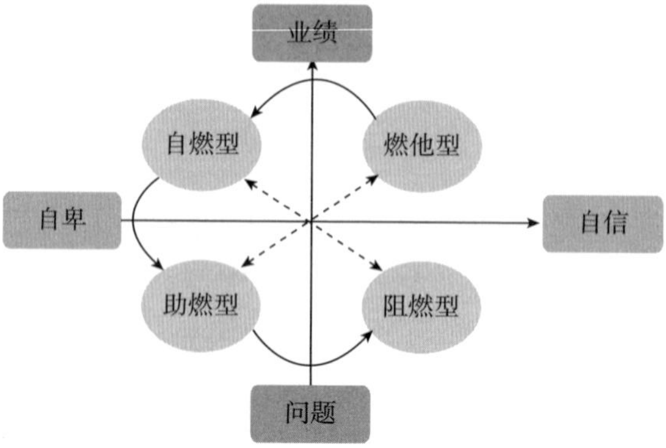

图 2-3　现实中某些企业员工的逆时针转变过程

2. 个人内心世界的四个分区

无论是老板还是员工，每一个人的内心世界都可以被划分为四个区域，如下图：

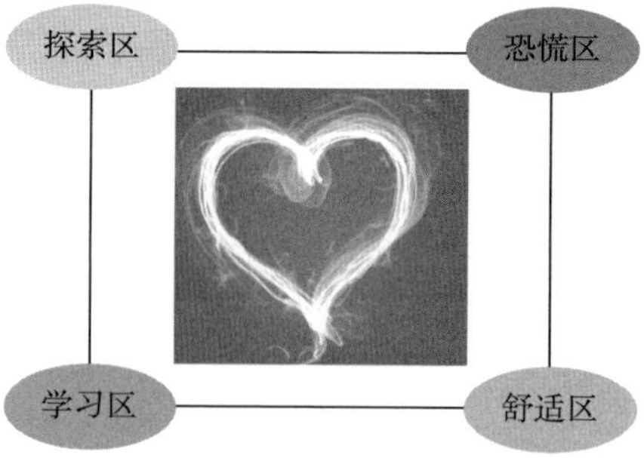

图 2-4　个人内心世界的四个分区

第一个分区是恐慌区，第二个分区是探索区，第三个分区是学习区，第四个分区是舒适区。

怎么理解这四个区域呢？

恐慌区：在这个区域的人会感到焦虑、恐慌，在某种程度上这其实是一种积极的心态，因为恐慌其实是一种危机意识。但需要注意的是不能过度恐慌，要懂得调节，适当地克服。

探索区：在这个区域的人有着积极探索的心态，会觉得自己还有很多不足之处，或者尽管现在做得还可以，但还想做得更好。

学习区：在这个区域的人始终抱有学习的心态，会不断地反思自己的不足，学习他人优秀的地方。通过阅读、培训、交流等方式不断地提升自己的思想和能力，不断地增加自己对世界的认知。

舒适区：在这个区域的人通常在工作、生活中安于现状，而忽略了压力的存在，并且失去了改变的欲望，没有太多改变现状的动力。绝大部分人会选择呆在舒适区，放松对自己的要求，这就是问题的所在，相信大家都明白“温水煮青蛙”的道理。

那么，这四个分区与四种类型的人怎么对应呢？

“燃他型”的人，自信又有业绩，处于恐慌区内，是领袖型的人。很多老板就处在这个区域，天天想着怎么样超越竞争对手，怎么样才不会被市场淘汰。

“自燃型”的人，有业绩但自卑，处于探索区内，是可以发展的。

“助燃型”的人，有问题又自卑，处于学习区内，是可以培养的。

而“阻燃型”的人，既有问题又很自信，且处在舒适区内。面对这种人，要懂得沟通、包容、淘汰。如果这类人能够改变自己目前的状态，就推动他们去转变；如果无法改变，就要适时淘汰了。

所以，企业老板要审视一下管理团队中，哪些人是属于“燃他型”的，哪些人是属于“自燃型”的，哪些人是属于“助燃型”的，哪些人又是“阻燃型”的。找出来“阻燃型”的人，沟通、包容、淘汰；好好花心思培养“助燃型”的人；为“自燃型”的人指明发展的方向和路径；为“燃他型”的人提供舞台，让他能够施展自己的才华。

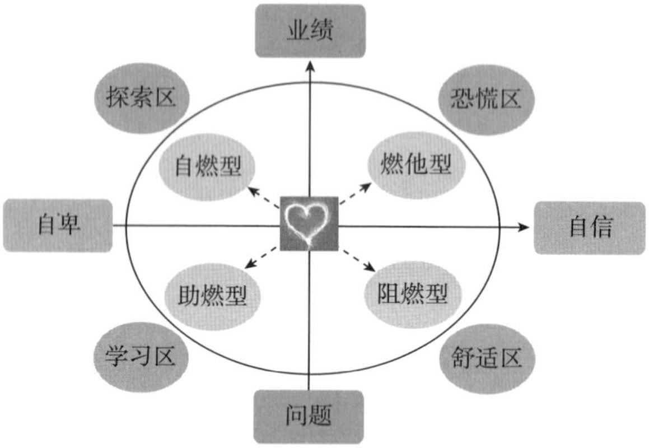

图 2－5 “理人心”原理图

3. 人为什么喜欢呆在舒适区？

舒适区是指人承受低压力和低风险时所处的行为空间，在该空间内的人拥有熟悉、安全的心理状态。通俗地讲，就是人对过往状态的依赖，从而失去了改变的欲望。

呆在舒适区内，对于自己的习性来讲也许是舒适的，但是对于人生事业而言却是不利的。

企业中有很多员工喜欢呆在舒适区，不去学习，不去探索，更别说恐慌了。这些人心想“企业又不是我的”，甚至有些人会觉得，只要老板不在工厂，只要老板看不到他、不给他施加压力，就很舒服。但这种“舒服”是习性上的“舒服”，不是业绩上的“舒服”，更不是事业上的“舒服”。

当人在舒适区的时候，是习性在起作用。感觉偷懒很舒服，等下次再遇到这种情况，习惯使然还是想着偷懒，久而久之，就失去了改变的激情，也不会主动地付出努力，所有的行为无非是为了保持舒适的感觉而已。这个时候员工的人生成就和职业生涯的发展就会出问题了。

4. 追求职务自由和放弃职务自由的矛盾

什么是“职务自由”呢？通俗讲，是随着职务提高而来的越来越大的权力，以及随之而来的身份感、成就感、驾驭感，属于人的精神范畴。

比如，基层员工只能在生产线的特定岗位上做一件具体的事，而当一名基层员工被提拔做了班组长，他就能够在一条生产线上“走动”；当他做了主管，他就能够在整个车间“走动”；当做了车间主任、厂长之后，他就能够在整个厂区“走动”。这里的“走动”蕴含着职务带来的身份感、成就感、驾驭感，即“职务自由”。

在职场中我们都希望能够步步高升，成为领导。对越来越高的职务的追求，表面是对财富、物质的追求，背后其实是对职务自由的追求，是对自身价值感、成就感的追求。一个人对职务自由的追求一定程度上大过对物质的追求。所以，在管理的过程中，不能仅仅停留在物质层面的激励上，更应注重精神层面的激励。

但在企业里面存在一对矛盾：追求职务自由和放弃职务自由。人人都有追求职务自由的心态，但是随着时间的推移，往往会出现放弃职务自由的现象。

放弃职务自由又是什么意思呢？举个例子，当一件事情被分配下去之后，有的下属会反复地向领导请示汇报：“李总，这件事怎么办呢？”“王经理，这件事您看怎么办？”“张主管，这件事您看一下该怎么办？”很多领导认为这是下属对上司的尊重，但是仔细想一想，如果出了问题，这个下属会怎么办呢？他会说："那件事我跟王主管说了的。""李总，这个事我跟李经理说过了，昨天我还跟您汇报过。"言外之意，这件事出了问题并不是他的责任。在职场中流行这样一句话："如果你不想做好事，办成事，你就多请示。"其实请示背后的目的就是推事推责，反复请示就是不想主动承担责任的表现。

很多人一方面希望自己的权力越来越大，获得的利益越来越多；另一方面又不希望承担相对应的责任，在追求职务自由和放弃职务自由之间徘徊。于是，在企业中，一批"60 分先生"悄然而生。

5."60 分先生"

"60 分先生"是指"不求满分，只求过线"的一群人，他们止步于及格线，享受着剩余"40 分"的悠闲。做任何工作，生怕做得太多、太尽，认为凡事只要差不多就可以了、过得去就行了，因为做得多错得多，背后是害怕承担责任的心理。

企业员工在追求职务自由和放弃职务自由的区间中不断转换，结果就是企业里面出现了很多"60 分先生"，这些"60 分先生"一般在入职后 1 到 2 年的时候出现。

为什么会有这样一个时间节点？原因还要从"管理金三角"讲起。

（1）管理金三角

谈起管理，从管理对象的角度来讲，有人、事、物之分。从专业的角度，具体到每一件事情的管理上，又可以分为：责、权、利，即责任、权力、利益。

众所周知，由三条长度相等的边构成的三角形叫做等边三角形。等边三角形是最稳定的一种三角形。其实，在管理当中也有这样一个"等边三角形"，由对等的责、权、利构成，我将其称之为"管理金三角”。

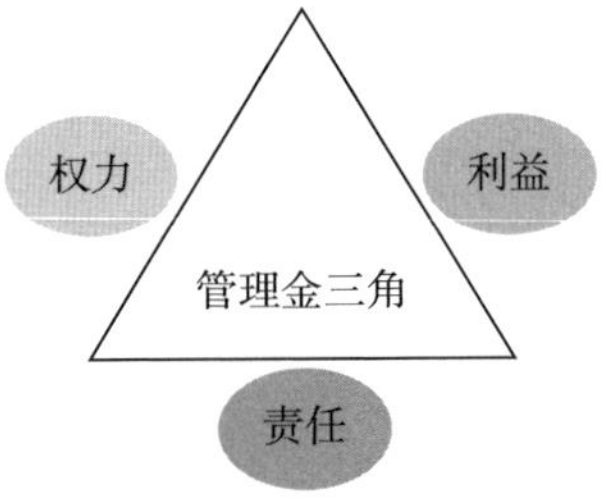

图 2-6　管理金三角示意图

管理金三角，左边是权力，右边是利益，下边是责任。

管理金三角是企业管理的理想状态，即责任、权力、利益是对等的，可以理解为如果要让员工承担一定的责任，就应该赋予其完成责任所必需的权力，并给予其与所承担责任对等的利益。换言之，有多大的权力，就享受多大的利益，同时承担相应的责任。

（2）追求职务自由和放弃职务自由的分水岭

很多人会想，要是都这样，我坐到哪个位置，我就承担哪些责任，我就获得多少利益，管理不就简单了吗？但前文提到，人的内心有一个舒适区，来源于我们对过往所处境遇的依赖。每一个人都希望权力越来越大，利益越来越多，而承担的责任却越来越小。

长时间呆在舒适区，久而久之，管理金三角就会从原来的等边三角形变成等腰三角形。

这就是企业员工入职 1~2 年后就会成为“60 分先生”的原因。当一个员工过了试用期，入职 1~2 年之后，他的权力和利益都相对稳定了，这个时候人的内心就有舒适区了，就会想方设法逃避责任。

而追求职务自由和放弃职务自由的分水岭就在于，一个人能否勇敢地去承担责任。

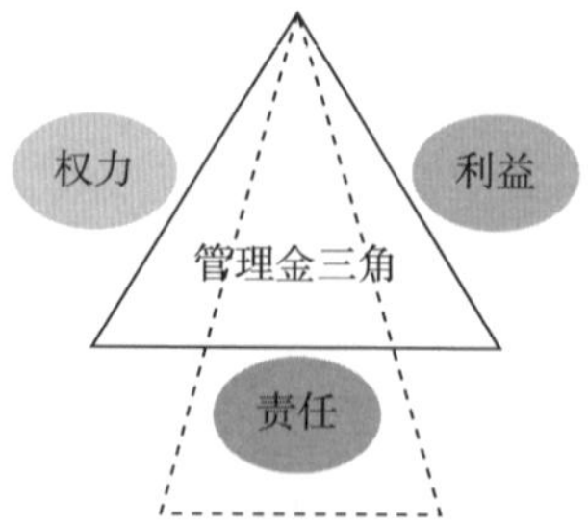

图 2－7　“等腰”管理金三角

6. 权力助长私心、利益激发欲心、唯有责任唤醒良心

一方面，权力培养了我们的责任心、进取心；另一方面，从负面的角度来讲，权力助长了我们的私心。

每个人都会有私心，从资本运作和商业合作的角度来讲，私心也没有什么错。人们有私心是正常的，但这个“私心”应当是正当利得，而不是无止境地觉得一切都是自己的。**当一个人的权力越来越大的时候，他的获得感就会越来越强，与此同时，他的私心也在逐渐膨胀**。就像电视剧《人民的名义》里面的赵德汉一样，他的生活并没有因为财富的增加而有所改变，给他母亲的生活费依然是每月 300 元。但是当他看到藏满整幢别墅的钱的时候，他的获得感是非常强的，这种权力的获得感会助长私心。我们要意识到私心的存在，**当私心越来越重而不被觉察的时候，就会出现问题**。当然，“世界一切万物非我所有，为我所用”的境界是值得提倡的，这才是人生追求的最高境界。

利益激发了我们的欲心。每个人在利益面前都是得不到满足的：拿的钱再多，也觉得少；挣的钱再多，也觉得不够。

用利益去激励员工，就会激发每个员工的欲心。有的公司会在开会、做活动时把一堆钱摆在那里，来刺激听众，告诉大家只要按照他们所说的去做，就能够拿这么多钱。但不难发现，运用这种手段的要么是保险公司，要么是传销公司。听众被利益驱使，纷纷发“朋友圈”宣传：你看我们的产品多么好，多么赚钱。那些在“朋友圈”中发广告的人真的能挣到钱吗？他们无非是想用利益激发其他人的欲心，将更多的人拉下水。

很多企业老板以为拿钱可以解决问题，想用钱来调动员工的积极性，但一两年下来，最后发现钱给了，员工的积极性反而下降了。为什么会这样呢？因为这笔钱怎么给，给多少，能不能量化，能不能公开，都是问题。如果企业仅仅靠利益、靠钱驱动员工，就会激起员工的无穷大的欲望，企业就会出问题。

曾经风靡一时的成功学，也是利益驱动下的产物。在那个人人都很浮躁的年代，每个人都渴望成功。“大师”们像打了鸡血一样，在台上讲得眉飞色舞，台下听的人也是热血沸腾。而现在已经很少有人去听成功学的课了，因为那个浮躁的年代已经过去，回到家里还是得面对现实的生活。

当然，不能把应得的劳动所得跟“拜金主义”混为一谈，并不是说要报酬就是拜金主义，就是有欲心，追求更高的劳动报酬并不是欲心。

权力助长私心，利益激发欲心，唯有责任能够唤醒良心。

“唤醒”这个词很重要。因为每个人都有良心，不能说是“培养”了每个人的良心，所以要用“唤醒”。抢劫和偷窃大都发生在黑巷子里面，因为在那种环境下，无法唤醒抢劫的人或小偷的良心，而在公安局、派出所门口，很少有抢劫的人，也很少有小偷，因为他们看到“公安”两个字就知道不能做违法犯罪之事。

真正的良心不是通常意义上的道德情感，而是一颗“好心”。“好心”就是能够正确地了知当下的情况和周围的一切事物。要做到这一点，就要时常“观心”，即审视当下自己内心的状态，让自己的心时时刻刻处在一个相对宁静的状态。对自己内心的状态进行审视和认知的过程，其实就是唤醒自己良心的过程，唤醒自己对当下情况、过往行为的觉知的过程。

当只有私心和欲心起作用的时候，良心就会出问题。

曾经有个企业的高管跟我说：“我觉得公司给我的待遇和我的付出不成正比。”我只告诉他两个字：“对了。”一个人觉得自己的付出和回报不成比例，为什么就“对了”呢？因为**在私心和欲心的驱使下，每个人都会高估自己的能力，而失去正确的判断。**有科学研究发现，一个人想要认识自己真实的能力和水平，不是通过自我评价，而要看与自己交往最密切的6个人的能力和水平，这6个人的能力和水平的平均值就是自己的真实能力和水平。

为什么承担责任能够唤醒人们的良心呢？因为承担责任是很痛苦的。比如，国家有强制性的法律法规，有公检法等政法部门，都是保证人们能够承担相应的责任。**如果放任人的私心和欲心，就没有人愿意主动承担责任，每个人都想自己的权力越大越好，利益越多越好，而责任越小越好。**但从因果关系的角度来看，只有权力和利益而没有责任，这是不可能的。所以，每一个人都要清楚地知道自己应该担起什么样的责任。

朗欧企管的老师在进入企业以后就是通过让员工承担责任来唤醒他们的良心，比如稽查。每天检查员工对企业的流程制度的执行情况、具体操作的规范程度等，如果发现没有达标，就要求员工乐捐两元钱，并扣掉相应的考评分数。其实重点不在钱和分数，而在提醒、在唤醒。当员工内心迷失的时候，管理要在第一时间跟上去，唤醒员工的良心。

人之初，性本善。毫无疑问，每个人都是有良心的，一个合格的管理者更要懂得去多承担一些责任。

7. 跳出“给多少钱干多少事，干多少事给多少钱”的怪圈

企业中存在一个怪圈：员工心里说：“你给多少钱我干多少事！”老板心里则说：“你干多少事我给多少钱！”比如，有的员工会说：“我一个月就挣三四千块钱，我做的事绝对对得起老板给的工资。”但是老板并不这么想：“我给你三四千块钱，你干的活最多值两千块钱。”这种矛盾如何化解呢？

这个问题有解也无解。在自己身上有解，在别人身上无解。

有人认为，根本问题是老板的钱没给到位。俗话说，“有钱能使鬼推磨”，只要你肯花钱，什么事都有人替你做。殊不知，“人心不足蛇吞象”。在利益面前，没有任何一个人会嫌老板的钱给多了。这就是“在别人身上无解”的原因。

一个企业，无论工作条件多差、薪资水平多低，都有人在那里上班。如果按照“利益至上”的原则，这类企业里应当没有人工作才对，由此看来，利益和金钱似乎并非是这个矛盾的症结所在。

如何在自己身上求解呢？这就要求员工不要仅仅靠私心、欲心来驱动自己的工作，更多的是要靠责任心，通过承担责任去唤醒良心。**只有从自己身上去努力，在自己身上下功夫，才能破解这对矛盾；否则，别人不会因你而改变，这个矛盾也就永远无解了。**

一些管理大师也把“承担责任”摆在一个很高的位置。读过彼得·德鲁克著作的人就知道他非常强调管理人员的责任、员工的责

任以及企业的责任。他在《我认为我最重要的贡献是什么?》一文中写道:“我围绕着人与权力、价值观、结构和方式来研究‘管理’这一学科;尤其是围绕着责任。”

所以,想要跳出“你给多少钱,我做多少事;你做多少事,我给多少钱”的怪圈,其实跟钱无关,承担责任才是化解这个矛盾的主要方法。也许有人不以为然,下面的例子能进一步解释这个观点。

一个员工在入职后,要想三个问题:

第一,我想在这家企业干多久?(比如说3年)

第二,3年内,我要成为一个什么样的人?

第三,3年后我打算去干什么?

当一个人从内心世界的维度来回答这三个问题的时候,就会发现,答案跟钱都没有关系。

“我想在这家企业干多久?”在回答这个问题的时候,我们显然不会从“干1年能挣8万元、干3年能挣24万元”的角度来考虑。因为要是从财富积累的角度来考虑的话,答案肯定是:“我要干一辈子”,因为干一辈子挣的钱最多。

“3年内,我要成为一个什么样的人?”答案从根本上讲也与钱无关。有的人会回答:“我打算成为一个有钱人。”但并不是想有钱就能有钱,想挣钱就要通过努力工作获得劳动报酬。

“3年后我打算去干什么?”同样,这个问题的答案跟钱也没有关系。

这三个事关个人发展的问题跟钱都没有关系,但是在实际的工作当中,在私心和欲心的驱动下,人们就会掉入“给多少钱干多少事,干多少事给多少钱”的怪圈当中,形成恶性循环。

上面的三个问题,如果按照“给多少钱干多少事”的思想,答案又会是怎样呢？

“1 年赚 8 万元，3 年赚 24 万元，那我要干 3 年；3 年的时间里，我想做一个拥有 24 万元的人；3 年后，我打算带着这 24 万元回家盖房子……”以此作为人生目标其实也没有错，但是，人一旦产生这种思想，就会受到私心和欲心的影响，就会高估自己的能力，往往拿了 5000 元的工资，做的工作却只值 2000 元。

那应该如何思考这三个问题呢？以生产部为例：我是组长，计划在这个企业干 3 年；3 年的时间里，我想做到生产经理；3 年以后，我打算去同行中的标杆企业里做副总经理。只有抱着这种心态，个人才能够成长。

因此，“给多少钱干多少事，干多少事给多少钱”这个怪圈怎么破？只有从自己身上入手，只有承担更多的责任，将私心、欲心转化成良心。员工不要想着“你给多少钱，我干多少事”，而要懂得承担责任。在承担责任的过程中，真正的受益的也是自己。老板也不要想着“你做多少事，我给多少钱”，工作做得好坏不是用钱来衡量的，而是用业绩、用数据来衡量的，钱只是一个辅助的体现而已。

8. 离开内心的舒适区

倡导离开内心的舒适区的本质：对员工而言，就是需要每个人多承担责任，平衡责、权、利之间的关系，避免成为企业中的“60 分先生”；对企业而言，就是要推行严格的管理。对员工严格要求才是对员工负责任的表现，管理是一种严肃的爱。有人说，董明珠走过的路，寸草不生！“寸草不生”其实是对董明珠坚持原则、严格管理的作风的形象诠释。

在朗欧企管的一些咨询项目中，有些管理人员会抱怨：“朗欧的老师对我们要求太严了！我快受不了了！”“受不了”证明朗欧企管的咨询起了作用；“受得了”反而证明没有什么改变，因为改变是痛苦的，没有人能舒舒舒服服地将业绩提升上去。

变革的过程是种阵痛。朗欧企管同时进行驻厂咨询辅导的企业有几十家，这些企业中的老板、高管、员工内心都会经历一个痛苦的过程，觉得压力很大，甚至有的老板顶不住这种压力，给我打电话“诉苦”。电话一响，我就知道他大概遇到了什么问题、什么压力，因为我清楚在哪个阶段会出现哪些问题。我会告诉他这种阵痛是变革的必经阶段，告诉他后续会出现的其他问题及对策。一路走过来，每个走出阵痛的企业老板和管理者，他们所在的企业都取得了管理变革的圆满成功。

9. 平等心

“理人心”所要求的“平等心”，强调的是不要执着于自己内心的“舒服”而排斥“不舒服”。当我们看待一个人、一件事的时候，不管内心舒服或不舒服，我们都要学会接受，这就是“平等心”。

管理是研究如何通过别人来完成自己想完成的工作的一门学问。员工中既有能力强的，也有能力弱的；既有主动性强的，也有主动性弱的。不论何种人，都能“为我所用”，关键在于管理者要掌握“理人心”的窍门。

“平等心”有四重境界：接受、明白、放下、摄受。

第一重境界：接受。无论员工是“阻燃型”的人、是“助燃型”的人、是“自燃型”的人、还是“燃他型”的人，都要先接受。

第二重境界：明白。接受并不等于不作为。当明白了企业中哪些员工是“阻燃型”“助燃型”“自燃型”“燃他型”的人之后，要弄明白这些人为什么会成为这种类型。当员工处在舒适区的时候，要怎样让他从这个区域跳出来。

第三重境界：放下。放下是对一个人过往道德评价和价值判断的不执着。我接受了他是一个“阻燃型”的人，也明白他为什么是“阻燃型”的人，但他无法主动做出改变。既然不能改，那就不必执着，这就是放下。**放下不是放弃**，一定要全力以赴地帮员工从“阻燃型”的人转变成“助燃型”的人、“自燃型”的人、“燃他型”的人。放下，是要懂得重新评价一个人。他现在属于哪一类人呢？他现在内心处在哪个区域呢？很多老板、高管执着于对某个人过往的道德评价和价值判断，觉得这个人以前做事还可以，就认为这个人将来也不会有问题，把事情都交给他办，久而久之演变成“拜托式管理”。

第四重境界：摄受。摄受就是将员工的心跟企业连在一起。这是最高境界，所有的信仰都强调对人内心世界的摄受。儒、释、道都强调心有所依，无论什么时候都要在同一个文化体系里面去做事和考虑问题。

10. 给人希望，给人帮助，给人成长

粗放式发展的商业模式时代已经过去了，过去非常稀缺的资本在未来也将会变得越来越不值钱。对制造业企业而言，未来，所有的自动化设备、硬件都将不再稀缺。未来最值钱的是人才，人才将成为企业的核心竞争力。所以，企业的经营管理者要懂得“给人希望，给人帮助，给人成长”。

“给人希望”不等于给人承诺，希望要通过机制来培养、映射，

而不是通过口头承诺来唤起。有的老板会承诺："张经理，你在我这里好好干，我计划五年以后推行股权激励，到时候我给你分配一定的干股。"张经理会想："你无非是想留住我，节省人力成本，五年后你也不一定给我分股权。"老板也很无奈："我给了你股权好像对别人也不公平，你的能力都没有提升。"

希望是通过机制产生的，比如，企业建立完善的岗位晋升机制，让员工能够清晰地看到自己职业生涯的发展。就像朗欧企管所有的老师一样，无论这位老师之前是做过老总、老板还是企业管理人员，进入朗欧企管之后，起点都是项目专员。但是他知道，如果他认真工作半年或者一年以后，就可以晋升为项目副经理；一两年以后，就可以晋升到项目经理；三五年以后，就可以做到事业合伙人，可以自己开公司，参与公司主导的一些投资项目。但是，我从来不跟老师们承诺成为事业合伙人的具体时间，因为所用时间长短与个人能力有关。只要达到晋升的条件，就能得到晋升。这就是通过机制给人希望。

给员工希望后，还要给其帮助，帮助员工在企业中实现职业生涯的发展，员工才能获得真正意义上的成长。

11. "理人心"的三个要领

（1）即刻反馈与建议（过程关注）

汽车大王亨利·福特曾发出这样的感慨："每次只需要一双手，来的却是一个人。"意思是：当雇佣一个工人的时候不仅仅雇佣了他的双手，还同时雇佣了他的头脑和心。企业中的员工不是一台只知道执行命令的"机器"，而是一个有血有肉、有智慧、有情感的人。

员工很难像机器那样，按照事先设定好的程序按部就班地工作。

因此，企业的管理者要懂得关注过程，注重即刻的反馈与建议。

很多企业评价员工业绩周期拉得过长，比如，等到发年终奖的时候才跟张三说："你做得没有李四好，所以你的奖金没有他的高"，导致很多企业一发奖金就会产生一堆问题。

在朗欧企管，老师们每个月都要回总部进行工作陈述，所有项目的负责人都要给予相应的反馈。我也会去正在进行咨询的企业里面，现场了解咨询项目的实施情况，然后针对我了解到的以及老师反馈的突出问题，在总部召开陈述会议的时候同所有老师一起讨论解决。

因此，**在管理中，要懂得对过程保持关注，控制好过程才有好的结果，离开过程一切结果都是空谈。**

（2）行为与收益挂钩（结果反馈）

如果企业中的员工做多做少一个样，做好做坏也一个样，根源就是没有对管理活动进行"结果反馈"。怎么反馈呢？就是将员工的行为与其收益挂钩。

举一个生活中常见的例子：今天闯了红灯，罚款200元并扣3分，这就是结果反馈。假如没有罚款、扣分的结果反馈，红绿灯就会变成摆设。

（3）成为下属的导师（精神引导）

成为下属的导师，更多的是指精神层面的引导。企业在经历制度化管理的阶段后，员工对"怎么做"就已经有了明确的认知，这时对员工的精神引导就变得尤为重要。精神引导是一种文化管理模式，不但要告诉员工"应该怎样做"，更重要的是要告诉员工"为什么要这样做"。

这就是“理人心”的三个要领，即刻的反馈与建议、行为与收益挂钩、成为下属的导师。

12. 化解人情和制度的矛盾

企业都有自身的管理制度，在制度之外，还有一个无形的东西，叫人情。这让很多企业主困惑：企业管理是靠人情还是靠制度？占核心地位的究竟应该是人情还是制度？其实，根据企业文化和规模的不同，在每个企业的管理中，人情和制度会各有侧重。对于初创型的企业，由于规模小，人情化的管理对企业的发展功不可没，但是伴随着企业的发展壮大，“人情化管理”让企业再也无法突破，再也无法创新和发展。

我有一个咨询客户，这位老板的手下有一个厂长管理着一家有着500多名员工的工厂。在一个偌大的工厂里，这个厂长却几乎天天在车间帮着员工搬货，基本没发挥管理的职能。据说，这个厂长已经跟这位老板一起工作了16年。为此，这位老板很苦恼，一方面，他感恩于这位从创业初期一直跟随他到现在的“元老级”员工；另一方面，这位“元老级”员工的工作能力又确实不能满足企业的发展要求，按照公司的发展要求，理应做降级或辞退处理。这位老板在人情和制度之间徘徊、犹豫。当时，我告诉这位老板：“我们要树立一个‘正念’，而且要把这个‘正念’传达给这个厂长及所有的员工。”

什么“正念”呢？就是给想做事的人以机会，给能做事的人以舞台，给做成事的人以荣誉，给做不成事和不做事的人以危机感。

其中，给做不成事和不做事的人以危机感是核心。很多企业处处讲人情，到最后，企业做不大，产品做不精，企业发展受到制约，老板就自认倒霉，心想员工跟了自己那么多年，也不容易。这是老板在通过人情化扼杀企业本来的生命力。我经常讲，伟人都是“恶人”，真正成功的人都是作过“恶”的人。这个“恶”指的是对员工要求严格。**要想做一个负责任的老板，对管理一定要严格，**因为管理是一场严肃的爱，是大爱，是有益于员工的职业生涯发展和个人成长的。

我有时候也会很严厉地批评朗欧企管的老师。因为做管理变革要求必须在数据上看到效果，我经常做一个形象的比喻，好比普通的培训师只是给企业开了个“方子”；而做咨询不仅要给企业开“方子”，还要给企业“抓药”，看着企业把“药”吃下去，看着企业的“病情”好转。因此我们的工作必须得实实在在。

中国式管理，讲人情难以避免，要化解人情和制度的矛盾，首先要树立一个正知正念：给想做事的人以机会，给能做事的人以舞台，给做成事的人以荣誉，给做不成事的人和不做事的人以危机感。

企业里面有这样的现象：用人性化的帽子来掩盖管理的不足。认为管理做不好，是因为制度不够人性化。“人性化管理”是企业界的一个时髦话题，好像人性化管理成了企业打造和谐团队、提升员工满意度、增强企业凝聚力的必胜法宝。我不排斥人性化，但是一定要正确理解“人性化”这个词，不然就会走入误区。

什么是人性？人性包括天性和习性。天性是什么？通俗讲，天性就是吃、喝、拉、撒、睡。吃要有食物，睡要有房子，而要有钱才能有东西吃、有房子住。作为企业来讲，就是要盈利。只有盈利了，才能源源不断地为员工提供劳动报酬。企业是以盈利为目的的社会性组织，稻盛和夫先生讲过，企业不盈利就是犯罪。企业要盈利才能让这个社会性组织得以运转。但是企业怎么样才能盈利呢？

就需要把产品生产出来，交给客户，卖给消费者。那么，怎样才能把产品生产出来呢？就需要每一名管理人员、每一名员工把正在做的事情做好。

顺着这个逻辑，我们发现，尊重人性就是做好自己当下的事情。问题是在很多企业里面，存在错把习性当人性的现象。习性是什么？习性就是抽烟、喝酒、我要吃甜的、我要吃酸的……具体到企业经营管理活动中，就是不按计划操作、不按规定执行、生产车间挑单生产，导致最终工厂出不了货。

人性化管理不是顺应人的习性做管理，也绝非是绕开制度而少管或不管；相反，**人性化管理的核心就是坚决捍卫制度的权威，以制度保障绝大多数人的利益和绝大多数人赖以生存的企业利益**。制度是“去习性、保天性”的，企业需要制度化管理，帮助员工按照流程、规定做事。**所以，化解人情和制度的矛盾的切入点就是要重塑面子文化，改变不良的工作习性**。不要把相互包庇缺点和错误当成讲面子、讲人情，而要把对事情较真、把推动企业发展当作讲人情。

精细化管理之“管事”之法

通常，人们对管理的理解就是“管人理事”，但最后往往发现“人难管、事难理”。人心是用来理的，不是用来管的。前文从理念上阐述了如何“理人心”，“理人心”要从事情入手，而非靠对员工讲道理、做思想工作。因此，管好事情是保证企业理好人心的重中之重。

事情要怎么管呢？首先，要知道“管事”的难点有哪些。

1. “管事”有三难

（1）难以量化

管理大师彼得·德鲁克说：“如果我们知道目标，那么目标管理就是有效的。”然而，大量中小企业甚至缺少基本的管理数据，更别说目标管理和针对目标的量化考核了。

一个成熟的企业应该能够对其所管理的对象进行量化与考核。比如 PMC 部的量化指标有订单准交率，业务部的量化指标有出货及时率、销售计划达成率，生产部的指标有品质合格率及生产效率……如果不对各部门的工作进行量化，就会导致凭感觉、靠身份做管理，结果就会出现“张三这个人的执行力还可以，我要提拔他做主管”的靠感觉来评价的情况。

凭感觉做管理基于的是管理者手中的权力，倘若手中没有权力，恐怕也不会有感觉；正是因为手中有权力，所以很多管理者能靠感觉，而不是靠量化的数据、对过程的关注、对结果的考核来管理企业。

（2）难以透明

中小企业中有很多地方不能做到透明，比如熟知的“薪酬保密机制”。它是从薪资差距比较大的行业企业发展起来的，如今演变成了一种私企的管理制度，很多企业在入职时都要求员工必须对薪酬情况保密。

在一些中小企业中，处罚也难以做到透明。比如，处罚了某员工 500 元之后，仍不忘做员工的思想工作：“只要以后表现良好，这 500 元会给你补回来的，你不要有太多的心理负担。”

除此之外，很多中小私企的绩效奖励也不能做到透明。对每个员工应该奖励多少没有一个量化的标准，大多凭经验、感觉。末了，往往出现各种问题，甚至在很多中小企业中，有种工资叫“暗补工资”。

（3）难以追责

我经常举一个“扯皮会议”的例子 ：当企业开会追究造成订单交期延误的责任的时候，各部门就开始“扯皮”了。生产部说是 PMC 部制定的生产计划不符合实际；PMC 部说是采购部没把物料买回来；采购部说物料没买回来是因为财务部没有及时支付供应商的货款；财务部说没付款是因为老板没签字……绕一圈下来，最后老板竟成了主要责任人。当企业里面的追责机制缺失，一旦出了问题，各部门互相推诿，问题只能不了了之。

2. 四种常见的企业管理模式

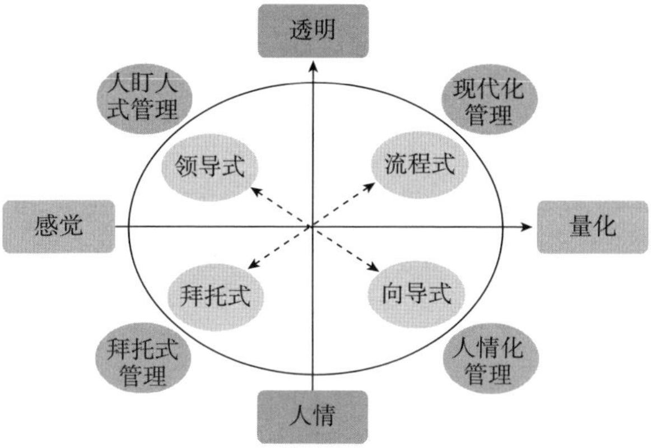

图2-8　“管事”原理图

管理事情的三个难点，可以在坐标轴中划分出四个象限，每个象限对应着一种常见的企业管理模式。

用横坐标正方向代表“量化”，用纵坐标正方向代表“透明”，而与“量化”对应的横坐标负方向是“感觉”，与“透明”对应的纵坐标负方向，我把它称之为“人情”。因为从企业管理的角度而言，讲人情就不能做到透明。

在第一象限，对事情的管理既能做到量化又能做到透明，这是流程式的管理，属于现代化管理模块；

在第二象限，管理能够做到透明，但是靠感觉在管理，这是领导式的管理，我们可以称之为“人盯人式”管理；

在第三象限，管理靠感觉、靠人情，我们可以称之为“拜托式”的管理；

在第四象限，对事情的管理能量化，但是讲人情，属于向导式的管理，我们可以称之为“人情化管理”。

3. 拜托式管理

在拜托式管理下，很多老板靠人情来笼络人心。企业中有一些老板表面上跟员工和和气气，但是背后是种“假和谐”。有的老板跟我诉苦：“张老师，我也没办法，这么多年都是这样过来的，所有事情我都交给他们了，否则他们就不干了……”拜托式管理的结局是企业的管理层整体被员工“绑架”。

（1）拜托式管理的由来

拜托式管理的产生基本遵循以下流程：员工跟着老板一起工作→员工把工作干好了→老板相信员工的能力→老板分配更多的事情给员工→员工又干好了→老板给员工贴标签：“他是一个永远都能把工作做好的人”→老板把事情都交给员工→老板依赖员工做工作→拜托式管理产生。

拜托式管理最直接的表现就是企业老板一直依赖某位员工，只要这个人不干活，企业的经营管理就会受到影响。

拜托式管理产生的根本原因是老板、高管对下属所做的事不知情。在很多企业里面，中层、基层管理岗位的员工每天在做什么，谁在做，什么时间做，上级管理人员都不清楚。自己不知情，就只能拜托别人了。所以，经常有老板跟我说：“张老师你能不能帮我介绍一个在同行业做过高管、能力还可以的人？”但往往发现，这些人都“水土不服”。高管离职的时候还不忘留下一句话：“李总啊，你这里员工素质太低了……”言外之意就是，管理做不好与他无关。

（2）“稀缺性”是拜托式管理产生的充分条件

在市场经济下，价值是由什么决定的？有的人说是劳动时间。但是，很多老板一天可能就只工作一小时，他的收入却是普通员工的很多倍。有的人说是供求关系。其实都不准确。俗话说，物以稀为贵。在我看来，价值是由稀缺性决定的。

每个人都明白，**稀缺性越高，价值就会越高；价值越高，利益就越多，权力就越大**。因此，很多人在工作中会不断提高自己的稀缺性，比如将操作性工作转换成稀缺性工作。但有的人在企业里面，用不正当的方式创造稀缺性，通过拉拢、排挤、裙带关系提高自己的稀缺性。在一些传统行业，一个普通的员工甚至都敢和老板“理论”，声称如果某件事不按照他的意思办，他就不干了。企业的一个基层员工能够表现出这么高的稀缺性，说明企业的管理方式出了问题。

（3）如何化解拜托式管理

首先，将稀缺性的工作变成操作性的工作。这是管理的核心和组织指导思想。比如，制定企业的标准作业指导书（SOP），拍摄员工的操作视频（影像分析），对设备进行升级改造以减少对人的依赖等。

其次，要做到系统知情。当整个团队都知道你“知道”以后，很多问题就不是问题，很多事情也就变得非常好管理了。**只有做到系统知情，才能从根本上解决拜托式管理的问题。**

4. 四种管理模式的局限

（1）人情化管理的局限

人情化管理的局限，首先在于人情是没有标准的，其次在于人情化管理不可复制。一个人长期在一家企业工作，形成了某种人格魅力，靠这种人格魅力能使企业运作得井井有条，但一旦这个人离开这家企业，企业的管理就会变得难以为继。

（2）拜托式管理的局限

拜托式管理存在很多漏洞。人无完人，俗话又说：“人心隔肚皮”，企业老板对被“拜托”的人的能力和品德的估量很难做到完全准确，经常有企业家在我面前哀叹“看人看走眼了”。从一开始认可，到放权，再到充分信任、拜托，本来是想将其作为重点培养的对象，但是随着时间推移，却发现其能力远远满足不了企业发展的要求，甚至对企业发展造成了很大的负面影响。

朗欧进驻企业之后有一个宗旨：立足于培养企业现有的人。我们绝不会将企业管理的重担放在一个外来的职业经理人身上。因为这里有一个“基因匹配”的问题。

不可否认，职业经理人的管理水平确实很高，但是未必合适我们的企业。就好比把飞机的发动机装在了拖拉机上，最终还是飞不起来一样。对于中国99%的中小企业来讲，**人才适配比人才本身更重要**。

在一些工业化进程开始得比较早的发达国家，如今已经形成了健全的职业经理人制度，投资者就是投资者，管理者就是管理者。

但在中国还没有形成成熟的职业经理人制度。中国企业的很多老板其实是身兼数职的，既是投资人、经营者，又是管理者。

（3）人盯人式管理的局限

人盯人式管理的局限一是范围小，二是随意性大。

在企业里面，对“存在突出问题的员工”用人盯人式的方法进行管理不失为一个有效的管理策略。但是，领导毕竟是小众群体，人盯人式的管理只适用于小范围内的人和事。

此外，“人盯人式”这种领导式的管理归根结底依靠的是个人的权力、身份，导致管理工作的随意性较大。在这种管理模式下，企业中会出现一种现象：很多老板把自己做成了业务员。因为客户都想让企业优先生产自己的订单，知道只要老板发话，他的订单就能按期交货。于是从向业务员下单，演变成直接向供应商老板下单。久而久之，企业的职能部门将慢慢丧失其原有的职能，取而代之的是老板、领导的个人权力和威望，“一言堂”的企业就这样诞生了。

（4）过度制度化管理的局限

大家推崇的现代化管理包括几个阶段，首先是制度化管理阶段。制度化管理就是靠流程、靠制度、靠规范来管理，在企业中流程规范大于一切。但是过度的制度化管理也有局限。

首先，企业的流程制度会越来越多。举一个极端点的例子，企业为了节约用电，规定库房必须人走灯灭，于是制定了一个关于“人走关灯”的管理制度。问题来了，当班的管理人员是否按该制度执行呢？于是企业还得专门设立一个监督岗位。那这个监督者是否会按时监督呢？于是又得制定一份针对该监督岗位的管理制度……

在我调研过的很多企业里并不缺流程制度，但一摞一摞的流程文件却落满灰尘，拿出来翻阅的时候还要把上面的灰拍一拍：“不好意思，张老师，这个文件放得有些久了……”

其次，企业的人才梯队会越来越庞大。一项制度还没开始执行便找个人来监督其执行，找到人监督了以后，怕监督的那个人不按时监督，又找另一个人来监督，所以，很多中小企业的人才梯队会越来越庞大，患上“大企业病”。

因此，制度化管理要适度。朗欧企管的老师在企业里面做的流程制度叫“流程卡”，而不叫“流程文件”。流程卡就是摘取流程中的关键节点，而不是大段的文字堆砌。

5. 现代化管理的阶段

（1）机制化管理

机制是什么？在刚才那个“人走灯灭”的例子中，可以把灯改成声控灯，这就是一种机制。再如，节约用水规定要关水龙头。倘若用制度化管理的方法，总会有人不按规定执行。如果采用机制化管理，靠机制来解决问题，就是将老式水龙头换成感应水龙头。也可以建立一种机制，让电费、水费的成本与每个人产生关系。

所以，在企业管理做到一定阶段的时候，在制度化管理背后，还要考虑机制建设。

（2）文化管理

机制化管理再往上一层，就是文化管理。

企业文化是一种工作态度、说话方式、行为习惯。它可以被抽象成为墙上的一句口号。但其实，企业文化并非不可名状，它可以被具象化，可以被具体到企业的每一件事中，如果我们将所有口号都践行了，那就是文化。

社会系统存在三大体系：政治体系（法律体系）、道德体系、信仰体系。这三大体系可以跟企业管理相互对应。政治体系对应制度化管理，制度化管理是企业管理最基本的要求。道德体系对应机制化管理。信仰体系相当于企业的文化管理，文化管理是企业管理的最高境界。

任何一个企业的管理都会经历这几个阶段，我们**既不能把制度化管理看成是最高标准，也不能跳过制度化建设阶段直接进行机制化建设**，因为制度化建设的过程也是培养员工按规定做事的习惯的过程。

在制度化、机制化建设完成之后，文化建设便是一个“水到渠成”的过程，企业中会自然而然地形成良好的企业文化。

6. 事情的问题都是由“集”而来

想要解决企业管理中的问题，就先要找到问题的来源，我将企业中问题的来源概括为一个字——“集”。

“集”是佛教的一个概念，佛教的四圣谛：“苦”“集”“灭”“道”是释迦牟尼体悟的四条人生真理。“苦”是指世间的苦果，社会中的一切问题都是苦；“集”是指世间苦因，苦升起的原因；“灭”是出世乐果，出世间之乐的结果；“道”是出世乐因，出世间之乐的原因。

所有“苦”（问题）都是由“集”而来。例如企业出不了货，也是因为“集”。从订单进入到成品出货过程当中的每个环节：订单评审、交期分解、主计划、周计划、日计划、车间的工序交接、品质异常的处理、产品包装资料的确认，我们是否都管控到位了？我们往往看到的是货出不了、产品质量差的“果”，却忽略了“果”产生的原因。

佛教中讲“菩萨畏因，凡夫畏果”，意思是凡夫只能看到事情的结果，因而对结果产生恐惧，但其实造成这种结果的原因才是最可怕的。菩萨懂得这个道理，所以关注平常的一举一动，谨身护持，戒慎于初。因此，佛教强调“因上用力，果上随缘”。

这个佛教的概念，从科学的角度讲就是因果关系，即结果肯定是由相对应的原因导致的。从哲学的角度讲，就是量变导致质变。科学研究表明，一个好的生活习惯，只要21天就能够养成。比如，一个人天天刷牙，连续刷21天，量变成了质变，刷牙成了一种习惯，到第22天的时候，如果不让他刷牙，他就会感觉不舒服。天天洗澡的人，到缺水的地方，看到那里的人不洗澡就会觉得浑身不舒服，这些都是习惯。

中央电视台大型励志挑战节目《挑战不可能》，曾经有期节目叫“听音识人”。来自四川大学的心理学教授王英梅有“特殊技能”，能够根据陌生人的声音来判断其样貌。一个从未谋面的人，只要听到他/她的声音，就能找出对应的面孔？很多人都认为这不现实。

在节目中，现场3位评委随机选择10位女性观众，分别藏到10扇门的背后，再从10扇门里随机抽取3扇门。王英梅在不知道门内情况的前提下，与3扇门背后的观众进行语言交流，然后王英梅要通过观众的声音，从10位观众的照片中找到声音的主人。最终，王英梅成功找出了这3个声音的主人。

其实“听音识人”并非魔术异能，而是在心理学的研究基础上，通过系统的逻辑思维和科学的判断体系，经过训练而形成的“技能”，其背后体现的就是“因果”，就是“集”的力量。

俗话说，种瓜得瓜，种豆得豆。作为老板、管理者，我们要深信“集”的力量，相信因果，要懂得**种善因，方能得善果**。

7. 如何“破集”？

大问题都是由无数个小问题“集”成的，在问题形成的过程中，我们“不知不觉”。我们不知道昨天车间到底生产了哪些产品、不知道客户的订单什么时候能够交货，甚至不知道客户订单的生产到了哪个工序……

如何破“集”？唯知情（知道）是入处。

“知道”是一股很大的力量。我有一家客户企业，这家企业有十二个分厂，对每位厂长和主管都进行了股权分配和股权激励。面对这样一家大企业，朗欧企管认为，整个集团至少要完善两大体系：一个是独立核算的财务体系，一个是采购供应链体系。财务的独立核算就意味着工厂的关键数据，每个分厂用了多少材料、产出了多少产值企业老总都清清楚楚，这就是知情。

朗欧企管的咨询老师遍布全国各地，朗欧企管的管理也是个问题。于是，我给每位老师建立了一张履历表，记录每位老师做了哪些好事、有哪些问题。另外，每个星期会有专人给项目老师打电话，了解他这个星期做了哪些工作，策划思路是什么，哪些数据发生了变化。我这样做就是为了做到知情，至少老师们知道他们做的事情，我都知道了。

所以，管理者要管好团队，首先要保持知情，知道、知情是破“集”的入处。保持知情并不是口头禅式的“知道了”，而是要实实在在地关注事情。

8. 保持知情的三大要点

怎么才能保持知情呢？针对前面提到管事情的三大难点，相对应地可以提出保持知情的三大要点。

（1）难以量化：任务细化、结果数据化

量化，绝对不仅仅是设定数据指标，使数据从无到有；量化，首先是工作任务的细化。

很多老板很不解：“我的企业也有数据库啊，为什么企业的管理还是那么乱？”比如，有的企业总是不能按时交货，便安排业务部每天统计订单准交率，其实这样统计所得的“订单准交率”充其量就是一组数字而已。真正统计订单准交率，需要将从订单评审到交期的整个生产过程分解到主生产计划中，进而细化到月计划、周计划、交接控制等各个环节，从而对每一个环节做到量化管理。订单准交率，只是所有环节的组合最后的数据化体现。

量化的前提是任务的细化。任务细化在先，结果数据化在后。如果我们仅仅把数据化管理、量化的管理，理解成简简单单地建立一个数据库，那就错了。数据只是最终的结果。跟挣钱一样，不要总觉得自己口袋里面的钱少，那只是一个“果”。“因”是什么？“因”是我们每天没有努力地去工作，没有提高自己的能力。

（2）难以透明：问题显现化、结果公开化

前面讲了，“知情”是管理破“集”的入处。在很多中小企业，最难做到的恰恰是知情。做到知情是有方法的，即问题显现化、结果公开化。

首先，要通过机制让问题呈现出来。比如，每天统计品质合格率、订单准交率、出货及时率等，目的就是通过数据化的管理将问题呈现出来。将问题显现化，是管理者的一个核心的能力。需要注意的是，呈现问题不是“抛皮球”，把问题抛出来就完事了。在呈现问题的过程中，问题描述占20%，另外的80%是对造成问题的原因进行分析。

只有把任务细化、结果数据化、问题显现化了以后，才能够做到结果公开化。

很多企业的管理很难做到结果公开化，是因为很多东西没有量化，对员工的评价只能凭感觉、靠身份，这样一来，自然就不敢做到公开了。公开就是最好的管理。所有能够公开的事情，绝对不会错到哪里去。企业的管理敢于公开、敢于透明，至少证明了管理做到了量化、做到了公平。

（3）难以究责：过程落实、结果较真

2008 年的时候曾经流行过一种模式：以结果为导向、以业绩为导向。很多老板对下属讲："我不管你的过程如何，我要的是结果。"销售部也对生产部说："我不管你怎么做，28 号这批货，你生产部必须做出来。"生产部又会对采购部说："我不管，我明天就要上线生产，这批货要是交不出来，你跟老板交代。"……很多企业里面的人都在玩这种"游戏"。

"以结果为导向"其实也没有错，但是，如果把它理解为"以结果为宗旨"，就错了。在企业的管理工作中，结果固然重要，但是，结果是由过程形成的，一旦形成了结果，在客观上我们就无法再去改变。所以，我们要注重过程落实。

品质合格率低，要对造成品质合格率低的原因进行列举分析，通过数据化的统计锁定影响品质的前三大因素，然后有针对性地制定改善方案。常规解决问题的思路是：发现问题→分析问题→制定措施，以为这样就能把问题解决了。其实不然，解决问题的重中之重是过程的落实。因此，制定措施之后，还需要督促执行→追踪效果→解决问题→持续检查。

而对于结果，则需要较真。很多企业恰恰相反，过程不落实，结果不较真。"较真"主要体现在对结果的问责上面。当一项制度、一个方案推行之后，要确保它的权威性，对做得好的员工要给予奖励，对违反操作规定的员工则要敢于处罚，并将奖罚的结果张贴在企业宣传栏进行公示。

9. 通过机制做到系统知情

有些老板认为做到知情很难，因为时间不够，不可能天天去生产现场，怎么能够做到知情呢？我所提倡的，是通过机制建设来做到知情。通过建立数据体系，通过组建 PMC 部，通过稽查，通过管理积分，通过考核绩效，通过朗欧企管的等距离管理系统等，使自己保持知情。

比如，企业要监控生产任务的完成情况，有效的方式是组建 PMC 部，招聘计划员、物控员，通过 PMC 的运作将生产计划从时间和执行上细化到最小单位，便于实时掌握生产状态。再如，企业要确保流程制度和方案的落实，有效的办法就是成立稽查部，由稽查员专职检查流程制度和方案的执行情况。

有的老板觉得这样做太浪费了，增设了计划员、物控员、稽查员这些岗位后，无形中增加了企业的人力成本。我经常举“划龙舟”的例子。龙舟上有两个人不可或缺，一个是船头打鼓的人，另一个是船尾掌舵的人。打鼓的人通过鼓声控制节奏，锣鼓敲得越有劲头，船员自然划得越有劲。而掌舵的人掌管着整条船的方向，如果方向偏了，路程自然就远了，整条船还会受到水流更大的阻力，势必会影响整个比赛的结果。企业的稽查员和计划员就像龙舟上打鼓和掌舵的人，虽然不是划桨的船员，其实对企业的健康发展起到了举足轻重的作用。

所以，PMC、稽查这两个岗位不能缺，如果没有这两个岗位，老板想要做到知情，就得天天自己到车间了。问题是偌大的工厂，几个亿乃至几十亿元的产值规模，老板怎么可能面面俱到呢？

有的老板则会精打细算，他说：“我不是舍不得人力投资，我是合理配置资源。我的人可以一会儿去打鼓，一会儿去去掌舵，一会儿去划桨……”可是，当员工一会儿去“打鼓”，一会儿去“掌舵”，一会儿去“划桨”，最后的结果必然是每样事情都做不好。

每个人内心都有一个舒适区。当员工的岗位职责可选择的时候，他一定会选择对自己有利的那一项，趋利避害是人的本性。本来要他“打鼓”的时候，他却“掌舵”去了；本来要他“划桨”的时候，他却“打鼓”去了。

当出现问题时，老板说这次问题产生的原因是“鼓”没“打”好，“打鼓”的员工要承担主要责任，这时，“打鼓”的人会说：“不好意思，李总，那会儿我‘划桨’去了。”老板说这次事故是由于“掌舵”的人没掌好，导致方向出了问题，这个时候“掌舵”的人则会说：“李总，真的不好意思，我很想把舵掌好，其实我也是有能力掌好的，但那会儿我‘划桨’去了。而且还是您让我一会儿掌舵、一会儿划桨、一会儿打鼓的……”

很多企业都遇到过这样的问题，就好像是场景重现。当员工一会儿“打鼓”，一会儿“掌舵”，一会儿“划桨”时，最后的结果就是每样工作都做不好，而且最后老板成了“冤大头”。

所以，我们需要靠机制系统性地去知情。在互联网时代，类似微信、钉钉这样的工具对企业做好远程管理是非常有帮助的。比如，每天的日报、工作任务书都可以在钉钉办公软件上提报，老板在机场候机的时候，拿起手机就可以办公了。当企业的管理思想、管理手段落地以后，我们可以通过信息化的手段来完善、优化企业的管理流程。我每天无论多晚，睡觉前最后一件事情，就是看所有朗欧企管老师每天的工作日报；第二天早上醒来第一件事情，也是看一下每个项目提报的具体情况。

理人心，要有平等心；管事情，要做到知情。相信大家对“精细化管理”这五个字，已经有了一个初步的理解。一个企业只有把这些管理做好以后，才能够向更好的方向发展。

10. 柔性的机制、强势的执行、感性的关怀、理性的管理

用四个词组来总结“管事”之法，就是：柔性的机制、强势的

执行、感性的关怀、理性的管理。

很多企业做反了：柔性的执行、强势的机制、感性的管理、理性的关怀。比如，很多企业在管理的时候要么不罚，要么重罚，这就是强势的机制。但是，到执行、追究问题的时候，互相包庇、互相“放一马”的现象却比比皆是。“你这也算情有可原，我有时候也会犯这样的错误，这次就算了，下不为例……”

感性的管理，理性的关怀，又是如何呢？有的企业在关怀的时候很理性，重赏之下必有勇夫，通过利益诱惑来达到目的。但对人和事情的管理则充满感性的评价：差不多、还可以、一般般、过得去……

其实柔性的机制不是说在机制上不严格，而是在机制上要体现柔性的东西。比如，朗欧为企业做“流程卡”的时候，处罚金额一般都是2元、5元，这就是机制中柔性的部分，只是起到警醒的作用。强势的执行就是对结果较真。当流程制度、方案推行后，要确保其执行，并敢于对执行的结果进行问责。关怀一定是感性的，但是管理一定是理性的，理性就要求做到量化、数据化。

所以，柔性的机制、强势的执行、感性的关怀、理性的管理才是最好的管事之法，千万不能做反了。

第三章

如何提升企业执行力

从管理有效性的角度来讲，执行是“1”，其他是“0”。

很多企业并不缺乏制度，真正缺的是将制度落到实处。

暂时不能执行或无可操作性的流程文件，我们宁可不做；设计出来的方案、流程、制度不能够长期执行的，我们也宁可不做。

能被有效执行的流程文件必须要具备三个要素，分别是标准、制约和责任。

当企业发展到一定阶段的时候，就要从管理机制上入手，从管理标准化上入手，用流程规范行为，用标准约束动作。

管理者要打破靠感觉做管理的思维习惯，要学会让数据说话、用数据决策、靠数据管理。

稽查就是对简单的事情长期、持续、反复地检查，不仅为了提高企业的整体执行力，更是为了改变员工不好的工作习惯。

专职稽查、横向稽查、自我稽查构成了执行力提升的三个阶段。

执行是“1”，其他是“0”

从管理有效性的角度来讲，执行是“1”，其他是“0”。没有执行这个“1”打头，后面再多的管理实践、再先进的管理模式，结果都是“0”。

很多企业开办了很多年，管理人员之间也都相处了很多年，都了解彼此的性格和为人处事的态度方法，但当遇到问题时就相互推诿，责任意识淡薄。在有的企业中口头文化严重，责任机制缺失，缺乏对事情一对一的究责和激励机制，员工之间互相埋怨，甚至有部分人员试图在粗放式的管理中“浑水摸鱼”。我在一个企业经历过这样一件事情：一件事情没做好，A 员工去追究 B 员工责任的时候，B 就对 A 说：“你管闲事啊！这企业又不是你的！”

企业员工对事情不较真，都不按流程办事，出了问题又相互推诿。例如，计划部说：“生产部又不按我制定的计划做。”生产部说：“这个异常反馈了很多次，PMC 部也不解决；这个来料总有问题，品质部也不处理；这个订单人手不够……”品质部说：“我制定了品质标准和操作要求，生产部门没按照标准要求去执行。”人事部说：“人我招够了，是车间管理人员没管理好，没有留住人，人员流失率高……”

朗欧企管的老师们去企业做咨询的时候，进驻后的前二十天至一个月是对企业进行实地诊断和调研的阶段。在这个阶段，老师们需要了解到各个部门存在的问题并确保其真实性。

但是，要想调研到真实的情况是非常困难的，我就给老师们支了一招："要想了解生产部的问题，你就去询问品质部或者 PMC 部的负责人，他们肯定把生产部的问题描述得清清楚楚。要想了解 PMC 部、品质部的问题，你就去调研生产部的负责人，他肯定也能把 PMC 部、品质部的问题描述得清清楚楚。"总之，通过相关部门横向了解其他部门的问题，就会清楚、真实很多，因为极少数管理人员会讲自己的原因和本部门存在的问题。

我曾经去过一家电子企业，老板把各部门的管理人员召集在一起讨论一个问题，最后大家都讲完了，那个老板对我说："张老师，我觉得不对呀，讲到最后都变成我的问题了。"的确，企业里面的现状就是这样的，貌似每个人都没有问题，每个问题都"事出有因"。只有老板，这个企业的法人代表，是企业一切责任的最终承担者。

企业中的人都在玩这种"游戏"，是不是这些人不愿意去改善、故意不作为呢？不是的。其实，这是在过往的管理过程当中，在过往抓执行的过程当中，累积形成的一种推卸责任的企业文化，形成的一种大家都从别人身上找原因的默契。久而久之，就造成了企业"执行力低"的表象。

企业里面的执行力不高，主要有以下两个方面的原因：

1. 重设计，轻落实

有一个管理故事是这样讲的：国内某一濒临破产的企业，花了 100 万元聘请某管理大师给予"会诊救治"。经过两个月的详细调查论证，“大师”临走时留下一句话：“按原来的制度严格执行!”100万元就买了这么简单的一句话。姑且不论值与不值，至少说明了一个事实：很多企业并不缺乏制度，真正缺的是将制度落到实处。

很多企业在流程、制度、方案的设计上下了很大的功夫，甚至很多企业开会时争论最多的就是这个方案哪里没做好、哪里还有漏洞。**企业很认真地试图将流程、制度、方案设计到完美，并错误地认为将流程、制度、方案设计到完美后就能够保证落实，就能够产生效果。**

比如，有的企业有一份文件没有执行到位，就再颁布一项处罚制度去督促其执行。在这种指导思想下，企业潜意识里认为只要把文字工作做好了，只要把流程、制度、方案设计好了，相关问题就解决了。但事实上，结果恰恰相反，朗欧企管为多家企业进行实战咨询的经验表明，越完美的流程、制度、方案，执行情况越差，原因就在于前面章节提到的过度的制度化管理的局限性。

曾经，朗欧企管的老师在一家客户企业中推行一个流程文件，企业方的管理人员认为老师做的流程文件太简单了，要求再增加一些标准上去，甚至还在会议上与老师产生了争论。当时在会议上，我直接拿着这份流程文件逐条询问那名管理人员：“这一条流程现在做到了吗？这一条流程对应的具体操作是什么？”最后，这名管理人员才明白老师的用意和用心，才明白老师为什么要先将制度要求降低，因为在非常粗放的管理背景下，只有降低要求才能保证操作规范，操作规范才能保证执行到位。

作为咨询老师，我们不会为企业制定与企业现有问题无关的流程文件。因为流程文件一旦被写出来，就要严格执行，而且执行后必须能够解决企业当下的问题。

企业的管理流程不在于多，不在于完美，而在于执行力度。很多企业都通过了 ISO 认证，但都把 ISO 文件当成是应付客户检查的工具，而不是视其为可以改善管理、改善经营的工具。每年当客户要审厂时才要求各部门找专人来将 ISO 文件、表单补全，客户验厂完毕以后就又把文件锁回柜子里面去了。

很多企业只要能将 10～20 份的流程文件执行到位，企业整体运营的流程就不会有问题，企业的管理就会上一个新的台阶。

这是朗欧企管在为多家企业进行管理变革的实战中总结出来的经验，在设计方案、流程、制度的时候就应当考虑到执行的问题。暂时不能执行或无可操作性的流程文件，我们宁可不做；设计出来的方案、流程、制度不能够长期执行的，我们也宁可不做。

朗欧的老师在做咨询服务的时候，前期往往会制作很多的“流程卡”，而不是程序文件。“流程卡”就是将程序文件当中具体可操作的关键动作罗列出来，规范的是一项一项具体的工作，有明确的责任人、检查人、执行时间，这样才能保障流程的有效执行。

切忌流程过剩，造成虎头蛇尾。每家企业在不同的发展阶段有不同的属性，有不同的管理使命，没有任何两家企业的管理机制是完全相同的。企业的管理制度、机制需要与企业的特征和发展阶段相匹配，就如同不能将飞机的发动机装在汽车上一样。这就是很多企业总想去外面请“高人”，但最后没能达到预期的效果的重要原因。

2. 重感情，轻标准

很多中小私企的老板和管理者将“感情”“人情”看得非常之重，认为在中国企业中，要想管好人就必须讲感情，甚至很多老板在这方面引以为豪，觉得自己能够经营企业多年，就是因为会经营人的“感情”，认为自己是用感情管住了团队，从而经营好了整个企业，认为是感情的纽带所产生的凝聚力让企业发展到了今天。我将这种管理模式总结为“感情生产力”模式，亦或称为“人治”。

很多企业在发展初期的确是通过“人治”、通过感情让身边的人全心全意为公司效力，配合老板来发展企业，节省了不少的管理成本。比如，一个有责任心的、跟老板很有“感情”的采购员就会处处为老板着想，处处想着怎么节省成本；一个跟老板打拼出来的生产厂长，则会时时想着如何提高生产效率。

但是，曾经令老板引以为豪的手段，随着企业的发展，往往也会成为令老板最头痛的问题。随着企业规模越来越大，企业由原来的几十人发展到几百人甚至上千人的时候，因为不同的人有不同的诉求，各部门之间都有不同的利害关系，老板开始觉得感情不够用了，跟着老板打拼的人也逐步失去了创业时的激情。在这种靠感情来做管理的企业里，老板们渐渐发现，整个团队阳奉阴违、阿谀奉承、欺上瞒下的现象非常严重，表面上看起来一团和气，但实际上企业里的管理问题久久未能得到有效解决。

为什么会出现这种情况呢？感情的“感”字，上面是一个“咸”，下面是个“心”，用“咸心”来做管理当然是行不通的，而要保持一颗“清净心”。感情是没有标准的，感情也是无法界定的，人心难测，这个时候完全靠感情来做管理，就像厨师炒菜一样，众口难调，厨师炒的菜不可能合乎每个人的口味。

所以，当企业发展到一定阶段的时候，就要从管理机制入手，从管理标准化入手，**用流程规范行为，用标准约束动作**。我将这种管理模式称为“科学管理生产力”模式或者“法治”阶段。**企业想**

要长期发展，一定得完成从“感情生产力”向“科学管理生产力”，从“人治”到“法治”的转化，否则，企业发展越快，企业老板和管理者就会越痛苦。

企业要变革，要从重感情的人情管理变革成标准化管理，首先就需要企业的老板自己带头做出改变。企业老板要通过带头执行标准，来树立企业流程、制度、标准的权威，而不是树立个人权威。其次，企业上下要有以流程、制度为权威的意识，要有按规矩做事的习惯，要通过由流程、制度、方案统一建立起来的机制来进行企业管理。**未来企业间的合作组织形态一定是系统与系统对接，机制与机制互动的。**

就像网购，你要在京东上买东西，哪怕你认识刘强东，你也还是得通过京东的网上系统下单，才能得到系统的、快捷的服务。在一些规范化的企业，找老板下订单是没用的，只能通过公司的业务部下单，由 PMC 部统筹安排生产。而在一些还没有形成规范机制的企业中呢？老板每天业务电话不断，下单的、客诉的、售后的电话络绎不绝，每天的工作苦不堪言。

执行是“1”，其他是“0”。所以，企业在制定流程、方案、制度的时候不要一味追求“大而全”，而要注重其能否被执行。当企业发展到一定规模的时候，一定要完成从“人治”到“法治”的变革，从管理标准化入手，用流程规范行为，用标准约束动作。

将“执行力”量化为“执行率”

重感觉，轻数据，是企业在提升执行力，甚至是提升企业整体管理水平上面临的最大的障碍。受制于一直以来粗放式的管理模式，在管理的过程当中，企业管理者过多地依赖自己的感觉，导致整个企业的人都养成了用感觉打交道、用感觉来开展工作的习惯。

我到过很多企业进行调研，发现这些企业甚至缺乏基础的表单或看板，如日计划表、生产计划总表、生产进度表、车间的小时看板、生产日报表、绩效考核表、品质日报表等，抑或很多表单和看板根本没有及时更新。有些企业的报表在月底的时候，上面的数据还只更新到当月10日；有些设备点检表在当月5日就把一个月的点检项目全部打上“√”了。这些企业只是将填表单当成一种形式和任务，并没有真正认识到这些表单的重要性，就更别说依据这些表单上的数据来做管理了。

我多年前曾在富士康集团和光宝集团任职期间，每个小时、每天下班前都要关注各类报表数据，每天上班第一件事就是查看各类报表和系统，因为不看报表，就不知道明确的工作任务；不看系统，就不知道相关工作如何开展。一个规范化的企业是靠数据来管理的，需要完整的表单流，而且表单流要形成一个闭环。

我每次去企业都会听到老板和高管提到一个共同的问题，那就是“企业里的执行力不够”。每当企业老板跟我提及这个问题的时候，我都会反问以下几个问题：是哪些流程、制度、文件没有被执行？是哪些人没有执行？每个人没有按要求执行的次数是多少？

几乎没有一个老板或高管能够回答得出来。这就是企业里的核心问题。一谈到执行力，我们总会讲：“这个人的执行力还可以。”“那个人的执行力一般般。”“我们员工的执行力很好。”

“还可以”“一般般”“很好”都是一些模糊的概念词，是不可以量化的，如果用这种模糊的概念词来评价企业里每个人的执行力，最后的结果就是大家的执行力都“差不多”。

为什么很多企业绩效考核推行不下去？因为大家的考核成绩都是90多分，而公司的业绩并没有绩效上体现得那么好，员工无法得到承诺的奖励。最后老板抱怨业绩不理想，员工抱怨公司说话不算数。

要想打破这种靠感觉对执行力进行评价的方式，“将执行力量化”就变成了企业管理者不得不面对的一个关键课题。而将执行力量化的指标就是执行率。执行率＝实际按标准执行次数÷检查总次数×100%，例如，检查某下属的工作10次，其中他有2次没有按照公司标准要求执行，则他的执行率为8÷10×100%＝80%。

只有将执行力量化为执行率，才能够真正提升企业的执行力。这样做主要有三个好处：

第一，有了量化的执行力的数据后，就可以明确地知道每一个人的具体的执行率是多少，执行的情况也就一目了然；

第二，执行力量化的过程就是管理者了解每名员工的工作情况的过程：哪件事没有执行？什么时间没有执行？这样，管理者就能够在第一时间掌握真实的情况；

第三，责任人也能够明确地认识到自己的不足，不断反省，不断进步，从而达到培养人的目的。

所以，在评价一个人的执行力的时候，不要再说“还可以”“一般般”“很好”，而要谈这个人的“执行率”具体是多少。管理者要打破靠感觉做管理的思维习惯，要学会让数据说话、用数据决策、靠数据管理。

通过稽查提升执行力

既然已经明确了要从“执行率”的角度去衡量企业的整体执行力，那执行率怎么提升呢？我常说：“员工不会做你想要他做的事，只会做你要检查的事。”因此，要通过“稽查”的手段来提升执行率。

稽查，顾名思义就是稽核、检查。稽查在执行力提升中的作用就是检查、核实。没有检查、核实是企业里面执行力不高的根本原因。企业的很多流程、制度、方案、文件或者布置给下属的工作任务都是因为无人检查、没有人去进行过程跟进，而导致最终无法落实执行。

通过反复的检查让员工养成按标准执行的习惯才能提升企业的执行率。人的习惯不是一天两天就能养成的，执行率也不是通过一天两天的稽查就能提升的，更不是通过一堂培训课、一场头脑风暴会就能提高的。

做管理不要有懒汉思想。很多老板花 5 万元、10 万元去听一堂课，听完课之后跟我反馈道：“老师讲的都是对的，但是很难落地。”这不是培训老师的责任，而是因为单纯的培训很难“对症下药”，因为管理的问题只有到现场才能发现，才能提出相应的解决对策。

而工作中的实际问题归根结底都是员工工作习惯的问题。要想养成一个好的工作习惯，从时间上来讲就不是一件一蹴而就的事情。朗欧企管辅导的很多客户都是与我们常年合作，最短的合作期限也有一年。有的企业老板跟我谈合作的时候说三五个月就行了，我都没有答应，因为我深知企业管理变革中的波折与改变习性的痛苦，这一切都是需要时间的，需要老师与大家在一起共同工作一年、两年，甚至更长的时间，言传身教，来带动各位管理者改变习性。

在企业里面会出现这样的情景：张总安排事情给李厂长，李厂长把事情安排给王主管，王主管又安排给一个组长。最后，张总询问："这个事情为什么我交代了几天都没有做啊"？李厂长说："张总您一安排我就跟王主管讲了，我去问一下王主管怎么回事……"王主管说："李厂长，您一跟我交代这个事，我就跟组长说了，结果他就是不做，他这个人老是不遵守公司的规章制度……"组长说："王主管，您交代的事我当时就跟员工说要怎么做，可他就是不服管，员工再这样我就把他开除了……"

在一层层传递的过程当中，在"你、我、他"的关系中，"你"安排了，"我"传达了，"他"没执行，到最后是"他"的原因。这也就导致了很多企业中员工流失率高而管理层很稳定的现象。因为所有的问题到最后都成了员工的问题，员工处于最底层，没有可以推诿的对象了，就只有通过离职的方式来表达诉求了。

上面这个例子是为了说明，在企业中，遇到不执行的问题的时候上级总是怪下级没有执行。但上级下达了任务，制定了流程和制度后，没有频繁地去检查去监督，长此以往，下级认为上级只不过是说说而已，制度不执行也没有什么后果，因而执行力就不会提高。所以要想提高执行力，就得靠稽查。

通过稽查就能够解决上述案例中的问题。一旦出现了执行的问题，管理者就得问自己："我检查了吗？检查了多少次？过程当中出现的异常我帮助解决了吗？"**稽查，其实是帮助管理者养成从自己身上找原因的工作习惯。**

1. 稽查的首要作用

企业中常规的解决问题的思路是什么样的呢？发现问题→分析问题→制定措施（可能的解决方法）→解决问题。

这个思路看起来是正确的，这也是企业里常规解决问题的思路，是正常的公式化的解决思路。但是，在实际工作当中，这种思路里面有两个问题。第一个问题是：制定措施以后具体情况有没有人跟进？第二个问题是：这项措施能否被长期执行？谁去督促改善？

再看一下朗欧企管解决问题的思路：发现问题→分析问题→制定措施→**督促执行**→**效果追踪**→解决问题→**持续检查**。

这才是真正能够解决问题的思路，也是每个管理人员应该做到的事情。但是，对于督促执行、效果追踪、持续检查，很多的管理人员没有精力去做，更不会主动去做，这就导致了企业中大量的问题无法得到根本的解决。稽查的日常工作就是督促执行、效果追踪以及持续检查。稽查，其实是在替企业的管理人员做他们该做而没有做的事情。

所以，**稽查的首要作用就是帮助企业的管理人员通过督促执行、效果追踪、持续检查来解决问题和改善现状。**

2. 稽查的核心作用

稽查最大的作用，也可以说是核心的作用，就是通过对具体事情的检查来改变企业人员的工作习惯。一个人习惯的改变是痛苦和长期的过程。我们不可能做到没有习惯，但是我们可以做到用一个习惯去代替另一个习惯。就像一个人戒烟，他想改变抽烟的习惯，于是就选择去吃糖，在戒烟的第一个阶段他就会用吃糖的习惯来替代抽烟的习惯。

在企业执行力不高、执行力没有达到可以完全量化的时候，前期一定要督促员工用好的习惯去替代不好的习惯。所以，要**通过稽查，持续、重复地训练，让企业的员工养成一个好的习惯去替代原本坏的习惯。**

稽查就是对简单的事情长期、持续、反复地检查，不仅为了提高企业的整体执行力，更是为了改变员工不好的工作习惯。

制定切实可行的流程制度

给猫挂铃铛的故事

很久很久以前，在法国的一个小镇上，住着一户有钱的人家。这户人家家里有很多老鼠，于是主人就买了一只猫来抓老鼠。

不久以后，老鼠果然少了许多，主人非常高兴，猫也很得意地继续认真工作。

有一天，在这栋房子的一个角落里，老鼠们开起了一场热烈的讨论会！

“女士们、先生们，我们今天召开这次讨论会，是为了想出一个办法来对付那只可恶的坏猫。它已经残害了我们许多许多同胞，如果再不想办法对付它，迟早有一天我们的性命都会不保。下面请各位踊跃发言。”老鼠族长说。

老鼠们听了，纷纷举手。老鼠族长让他们一个一个说。首先是老鼠甲站起来认真地说：“我建议，趁那只坏猫在追我们时，把他引到老鼠夹旁边，让老鼠夹把他夹伤。这样，他以后就再也不能对我们下手啦。”

老鼠乙听了很不以为然，就站起来说：“这个办法太危险，万一还没跑到老鼠夹边，就先被他吃了怎么办？所以我认为，趁他睡着时，拿火去烧他，才是最好的办法。”

“不行，这种办法也很危险。我有一个更好的办法，就是趁他睡着时，在他脖子上挂上一个铃铛。这样，以后只要听到铃铛的声音，就赶快逃跑，再也不用怕被他抓了，你们觉得如何？”老鼠丙得意地看着大家。

老鼠们都非常赞同这方法，纷纷起立鼓掌。

“既然大家都同意，那有谁自愿去给那只坏猫挂上铃铛呢？”老鼠族长问。

“看来没人愿意去，这个建议是你提的，我看就由你去好了。”

“我……我不去，你还是找别人吧！”说完，老鼠丙就不再说话了。

结果，讨论到最后都没有老鼠敢去，所以直到现在，那群老鼠仍然被那只猫追得死去活来！

《给猫挂铃铛的故事》大家都听过，这个故事当中的场景跟企业里面的管理问题有相似之处。很多时候企业都在追求制度的完美，简单地认为制定出了制度、方案，就等于解决了问题。事实并非如此。科学合理的制度、方案是执行的前提，如果制度、方案脱离实际，就根本谈不上执行了。正如故事当中“给猫挂铃铛”的这个方案看似完美，但执行起来却困难重重，或者说根本不具备执行性，这样的方案就是无效的。

我和一些企业老板说过：“我们企业里面真的不缺少流程制度，但是又没有流程制度。”这句看似很矛盾的话却是很多企业的真实写照。“不缺制度”是因为很多企业的确制定了很多制度，但是这些制度很多是依据ISO文件抄变而来的；有些企业的文件是由职能部门

“闭门造车”写出来的。这样的流程制度脱离实际，得不到多数人认可，形同虚设，最后，企业老板、高管抱怨执行力低也就不足为奇了。

要想提升执行力，前文提到要将执行力量化，量化就意味着必须得有针对性，而且得依照流程制度来进行稽查。所以，**企业提升执行力要从流程、方案、制度的顶层设计上考虑其可行性、严谨性。**

那么，什么样的流程制度才能确保其是切实可行的呢？

朗欧企管在给企业做管理咨询辅导的时候，老师们前期会做大量的“流程卡”，而不是程序文件。只有一项一项具体的工作才有利于检查，只有检查才能够将执行力进行量化，才能一步一步提升执行率。

“流程卡”就是将企业里各项流程中的关键节点抽取出来，通过控制这些关键节点来保障整体流程的运行。（订单评审流程卡范本见本节附件）

怎样制定“流程卡”呢？主要有以下几个要点：

1. 流程的重点要素

每份流程卡当中必须有三个要素，分别是标准、制约和责任。标准就是执行标准、操作标准，就是“怎么做”；制约指的是要有监督制约的主体，即谁去检查；责任是指如果没有按标准执行要承担什么样的责任。这三个要素缺一不可。

为什么要有这三个要素呢？其实企业中很多现有的程序文件里面都有标准，标准很好，但是没有制约和责任，就很难被执行。标准，好比是十字路口的红绿灯，制约就是摄像头，而责任就是违章处罚。如果没有摄像头、没有违章处罚的话，可能有很多人会闯红灯。这就是中国式管理的现状。标准是处罚的依据，制约就是检查，责任是最终结果的体现。

2. 制定“标准”的标准

每一条标准当中要有明确的责任人、完成时间和明确的任务，我把这个称之为“小三要素”。

我在芜湖的一家企业经历过这样一件事情：企业下达了一个任务书（朗欧企管的管理咨询项目都会在项目推行过程中下达任务书），规定任务要周六前完成。周六，稽查员便根据这个任务书去检查任务的完成情况，结果被检查人对稽查员说：“今天是星期六没错，可是还没到24点啊！你要是24点来检查任务，我肯定能完成。”从这件事以后，我们要求所有流程文件都要有明确的时间节点。

“品质部负责进行生产部品质异常的及时处理。”诸如此类的标准，是企业的流程文件里面常见的一种标准表达方式，但在流程卡当中我们要求通过非常具体的节点去控制，先把流程卡上的任务一个一个做好之后再去做流程的梳理。按照流程卡的要求，以上标准应当改为：“品质部一线的品检员每天8点~9点到A生产线，跟A线班组长一起巡视，检查品质有无异常。如有异常，须在15分钟以内提出解决方案。”这就是具体的任务。只有这样制定出来的标准，才能够被检查，才能够被考核，否则又将出现扯皮推诿的现象。

3. 明确责任

在制定流程卡的时候，每一项任务都要有相对应的责任。但在追究责任的过程当中，处罚的金额不能过大。

朗欧企管的老师在项目上经常会被质疑，企业方认为这么小的处罚金额（一般都是2元、5元、10元），员工会觉得被处罚了也无所谓。但其实**处罚并不是目的，通过一项一项任务地抓执行，通过反反复复地检查，最后改变大家的工作习惯才是目的。**

所以，管理动作执行的重点在于检查频次，而不在于单次处罚的金额。高频次就意味着不能高金额，只有低金额才能高频次，才能有时间改好习惯。改习惯，抓执行，不要有“懒汉思想”，任何一个管理者都不要试图通过一种做法、一次重罚就能够提升执行力。要通过反反复复地抓，反反复复地做，量变才能产生质变。当一个假动作被反反复复地做了几千次，假动作都会变成真动作。习惯就是这么养成的，只有这样，执行率才能提高，企业的执行力才会强。

4. 组织研讨

在制定流程文件的过程中，切忌“闭门造车”。在企业里，当员工不执行，管理者去追究责任的时候，员工说：“不知道，不清楚。”有些人会认为员工是在敷衍。我不排除有这种可能，但我认为更多的是由于企业的管理没有到位。流程文件的初稿制定出来以后，主导文件制定的部门必须得组织执行人员、检查人员以研讨会的方式一起对初稿进行研讨。在研讨的过程中大家可以各抒己见，针对文件的合理性发表意见。其实，这个研讨的过程就是执行人与检查人对流程、制度文件的认同和学习过程。很多企业忽略了这个最重要的环节。

在研讨阶段要充分尊重大家的意见。很多人会担心：“这样制定的流程还能代表组织的利益么？”其实，员工都是这个企业、这个行业中的“专家”，做得到抑或做不到员工心里都很清楚。研讨过后，相关人员要进行会签，签字为据，这样就不会出现究责的时候有

“我不知道”的情况了。一旦签字生效，就要保证企业流程制度的权威性，任何人都得遵守并不得随意更改。

5. 流程文件试运行

当流程制度会签后，通常要对文件进行 1～3 个月的试运行。每一份流程文件不可能一次就写到完美，都是在不断执行的过程中逐步完善的，可以将文件命名为“A0 版”“A1 版”“A2 版”等。

试运行可以为流程纠错和及时修订留出一定的余地，特别是一些事关员工经济利益的流程规定。但是试运行要有一个确定的时间段，如一个月或三个月，一般都设定在三个月以内。企业要树立制度流程的权威，首先就一定不能朝令夕改，这样才能避免流程制度本身的随意性。

6. 流程文件的正式推行

完成上述步骤以后，也就意味着一份切实可行的流程文件可以被正式推行了。**在推行的过程中，一定要强调公司流程的权威性，上至总经理，下至一线员工，都必须依照文件中的要求执行。**不能有一次特例，因为有了一次特例以后就会有第二次、第三次……

在流程的执行层面没有惊天动地的大动作，只有一次一次实实在在的执行。一次执行不到位就相当于大堤上的蚁穴，就会影响公司整体流程的权威性，最终又会回到老板靠身份、靠人盯人来管理企业的粗放式管理上面来了。

7. 不断修订

中小企业每天都在变化，所以流程文件也要根据公司的具体情况而不断地进行修订，这样才能保证流程文件适合企业当下的状态。

稽查“五部曲”

当掌握了将执行力进行量化的管理思想，并且明确了通过稽查来提升执行力的方法以后，就需要明确如何将思想与方法转化为实际行动。从思想到方法，从方法到工具，形成一套操作性极强的管理机制。以稽查为例，推行稽查可以通过以下“五部曲”：

1. 成立稽查中心/稽查部，招聘专职稽查员

成立稽查中心涉及组织架构的调整，稽查中心应当放在组织架构中的什么位置呢？

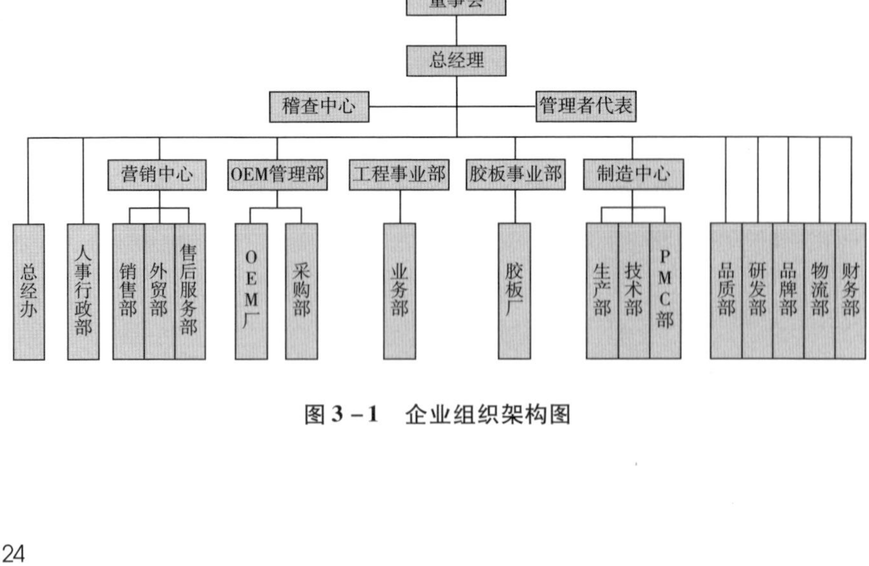

图 3-1 企业组织架构图

从组织架构图中可以看到，稽查员直接对总经理负责，也就是说，在行政权力上稽查员直接归总经理管理。

需要强调的是，稽查员直接对总经理负责，并不意味着稽查员有行政管理权，**稽查员拥有的不是行政管理权而是知情权**。就像现实生活中的记者一样，拥有的是知情权和曝光权。所以，虽然稽查员在组织架构上受总经理管理，但并不意味着他对员工有行政管理权，而是有知情权，即有权力去检查每个人的工作完成情况，而没有权力进行行政管辖。

成立稽查中心之后就需要招聘稽查人员。根据企业规模及所处行业，每家企业至少要招聘两名稽查员，稽查员比例建议为企业总人数的1%。很多的老板、高管会算一笔账：企业成立稽查中心，招了几名稽查人员，还需要支付这几名稽查员的工资，这无疑增加了企业的成本，而且这几个人还没有直接参与企业生产，而是全职进行检查工作。这样做划算吗？很多老板、高管会打一个大大的问号。

划不划算呢？可以用熟悉的龙舟比赛来类比，回答这个问题。

（图片来自于网络）

每年全国各地都会开展划龙舟比赛。龙舟比赛的参赛选手包括鼓手，舵手和划手。三者各司其职：鼓手，负责控制节奏和鼓舞士气；舵手，负责掌握龙舟行驶的方向；划手，负责用自己有力的手臂前后划桨，让龙舟像离弦之箭一样冲向终点。龙舟上有很多划手，船头有一名鼓手，船尾有一名舵手。从表面上看鼓手和舵手并没有拿着桨在划龙舟，而且这两个人本身又有一定的重量，会成为龙舟上的“负担”，但龙舟上可以去掉这两个人吗？答案是否定的，因为我们深知鼓手和舵手的重要性。

将这个场景放进企业中，划手就相当于企业里面参与生产及为生产服务的人员，而鼓手和舵手相当于职能部门工作人员，包括稽查员。龙舟队队长肯定不会给鼓手和舵手一人一支桨让他们也去划船，但在实际的企业管理中，企业家却会经常在这些方面做出错误判断。

将这两名鼓手和舵手看成稽查员，稽查员的作用就是通过检查来保证企业流程制度运作良好，从而保证组织效率的提升。

设立稽查部，招聘稽查员，是解决老板精力不够、没有时间事事亲临现场的最好方法。稽查员充当了老板的“眼睛”和“耳朵”。通过稽查员，企业高层可以在第一时间了解一线情况和各项流程的执行情况，了解企业内部具体繁杂的事务，为做出准确的判断和决策提供有效的依据。通过稽查员每天的检查，久而久之，企业里会形成“以事情为导向、就事论事”的企业文化。朗欧企管的一个合作企业的老板在完成整个管理变革之后感触颇深地说：“管理变革后企业现在可以‘轻装上阵’，没有太多的人情包袱，大家都在标准化、制度化的框架下做事，形成了就事论事的企业文化。”我想，管理变革咨询项目之所以能取得如此成就，稽查功不可没。

2. 对稽查人员进行培训

（1）自身习惯的培训

稽查部/稽查中心作为一个新成立的部门，稽查员作为一个新设立的岗位，在企业中属于“新生事物”。对稽查员的要求，首先是要求其做到刚正不阿，敢讲真话，有很强的原则性，其次才是要求其具备专业性。

稽查员主要以企业内聘为主，可以从原来的一线管理人员，甚至可以从一线优秀员工中选取。稽查员到岗以后，首先要做的就是对他们进行培训。朗欧的老师在进驻企业以后通常会将稽查员安排到老师的办公室办公，由老师在每日细化的具体工作中进行一对一培训，或者进行一个月的军训，通过军训来培养稽查员的原则性。

（2）稽查流程的培训

稽查部是提升执行力的关键部门，负责检查其他部门的流程执行情况，因此自身的流程运作尤为关键。只有自身的流程完善了，才能“正己及人”。同时，也要对一些稽查的方法进行培训。具体流程可以参考表3－1。

表3－1　稽查作业流程（范本）

序号	作业流程	责任部门	责任人	表单	作业内容
1		营运管理中心	营运管理中心经理	稽查周任务书、稽查日工作记录表	营运管理中心经理于每周六12:00前根据稽查范围和指令编制周稽查计划并将任务分配到每位稽查专员，形成稽查周任务书
2	接受稽查任务	营运管理中心	稽查专员	稽查日工作记录表	稽查专员按照稽查任务书及稽查日工作记录表到相关部门进行现场稽查，收集图片、数据、记录等证据，并做好稽查记录
3	稽查调查 稽查奖惩单　整改通知书 NO　YES	营运管理中心	稽查专员	稽查日工作记录表、稽查奖惩单	1. 对事实清晰、有处理依据的，稽查专员在稽查日工作记录表上注明稽查处理结果后经责任人签字确认，30分钟内开出稽查奖惩单； 2. 无明确规定或必须整改的，由稽查专员下整改通知书，经责任人签字确认，作为二次稽查依据
4	奖惩通告	营运管理中心	营运管理中心经理、稽查专员	稽查日工作记录表、稽查奖惩单	稽查专员将责任人签字的稽查奖惩单交营运管理中心经理审核签字后直接发出稽查奖惩通告
5	稽查日志 稽查汇总	营运管理中心	稽查专员	稽查战报	稽查员每周二12:00前将上周的稽查信息进行汇总，编制成稽查战报，交营运管理中心经理确认
6	稽查汇报	营运管理中心	营运管理中心经理	稽查战报	营运管理中心经理代表营运稽查部在管理变革例会上做稽查战报的通报
7	归档管理	营运管理中心	稽查专员	稽查任务书、稽查日工作记录表、稽查奖惩单、整改通知书、稽查战报等	稽查专员负责分项目、分周期整理稽查资料文件，编目归档

注：以上流程中涉及的表单见本章附件。

(3) 稽查的四项原则

第一，不查清原因不放过（找到问题的原因，用事实说话）；

第二，不分清责任不放过（责任细化到个人，一对一究责）；

第三，不采取措施不放过（追踪改善措施必须到位）；

第四，不严肃处理不放过（处理结果必须落实到位）。

3. 稽查工作开始前的准备

(1) 稽查相对应的流程制度

稽查的内容是公司的流程制度等文件，也包括会议决议、任务书、上级下达的任务等。所有稽查任务文件必须有明确的责任人、明确的任务、明确的完成时间，只有这样，稽查员才能依“法”行事。

(2) 相关表单

包括稽查任务书、稽查日工作记录表、稽查奖惩单、整改通知书、稽查战报等，以便检查完成后立即做好相关记录。（表单范本见本节附件）

(3) 取证设备

稽查员应当携带相机等记录设备，根据不同的稽查对象携带不同的工具，总之稽查时一定要形成记录。就像公安人员在执法过程中需要携带执法记录仪一样，只有如实记录相关证据，才能为呈现事实提供依据。

4. 开展稽查工作的注意事项

执行完前面三个步骤，接下来就可以去现场进行检查。在检查的过程中要注意以下三点：

（1）发现事实是基础

稽查员工作的首要原则是尊重事实，判断执行到位与否必须基于了解到的真实情况；当出现问题时，也必须如实反馈。不能用经验、用道德价值来判断和评价，一切检查都只是单纯的检查，做到真相知情，以发现事实为基础来进行。

（2）现场取证是关键

稽查员在稽查的过程中，一定要去到现场，不能坐在办公室里“道听途说”。完成检查后要如实地做好相关取证工作，例如，员工如果没有按规定进行操作，可以将现场情况进行录像；管理人员如果没有按照要求填写报表，可以拍照取证。

（3）实时记录是核心

每次稽查完毕后，都需要将稽查结果如实地填写在稽查日工作记录表中，每周进行汇总；如果企业有管理软件系统，要及时将稽查结果录入软件系统，形成组织记忆。俗话说，好记性比不上烂笔头，企业管理也是一样。记录是回归事实、再现情景的最好工具，没有记录，就只能凭记忆和经验，就不利于做出正确的决策和判断。

5. 稽查结果的运用

当稽查出每份文件的执行情况、每个人的执行率数据以后，如果不能将这些数据运用在管理中，那么稽查工作的效果就会大打折扣，所以运用好稽查结果尤为重要。

（1）分类统计

当稽查出每份文件的执行率以后，可以依据责任主体进行分类，如 PMC 部门下面有五份文件，这五份文件分别是 PMC 部门不同岗位的人员在负责执行；只要有一个岗位没有做好，就会体现在 PMC 部门的执行率上。生产部、技术部、人事部都是如此。各个部门内部亦可以按责任人进行分类，统计出每个人的执行率，以便于部门内部划分和追究责任。

（2）及时公布

每周将分类统计的结果制作成一份简报，即稽查战报，公布各个部门的执行率。企业还可以制作稽查宣传专栏，既可以每周在稽查宣传专栏上发布稽查战报，亦可以每天制作稽查简报，将稽查员当天在企业中发现的好的和不好的现象在宣传栏进行公布。及时公布可以让所有的目光都聚焦到工作上来。**懂得利用聚焦的力量，是稽查管理的要点**。很多人不怕私下里的处罚批评，但怕被公开地放在宣传栏上通报，做管理有时也要学会用“面子”做文章。

（3）实时评估

得到稽查结果以后，依据方案、流程、制度，对有突出表现的员工要实时地进行激励，对做得不好的员工也要实时地进行批评惩罚。总而言之，要对员工当下的行为进行实时评估，并按照奖罚制度实时奖罚。**奖罚的总体标准是“奖大于罚”**，因为稽查的主体思想是帮助员工改变不良的工作习惯。实时评估，能够让视线回归到解决当下的问题上，摒弃经验思维。

通过以上五个步骤，就能够在企业中有序推进稽查工作。

稽查的八大误区

1. 误区一：稽查等于执行

稽查部门属于监督部门，不是执行部门。稽查在管理的“三权”（决策权、执行权、监督权）当中，行使的是监督权。不要认为稽查的执行力强，就把事情交由稽查部门去执行。这样做也许在短时间内可能会取得明显的效果，但长期来看反而会逐渐削弱其他职能部门或作业部门的执行力，不利于团队的建设和成长。稽查是监督执行的主体，但绝不是执行主体，执行主体是各个责任部门和责任人。

2. 误区二：稽查负责整改

稽查部有专门的整改通知书，稽查员在检查出问题后向责任部门发出整改通知书。稽查发出整改通知书，绝不等同于为责任部门提供整改方法，更不等同于代替责任部门/责任人进行整改；整改通知书中的整改内容由责任部门填写。即使责任部门起初不知道如何整改，也要求其负责人主动思考，稽查不能代替责任主体进行整改工作。假若由稽查部门代替责任部门完成整改，会使得责任部门理所应当地以为整改是稽查部的工作，因而不会主动地寻找解决问题的方法。例如，稽查员在检查“6S”标准的执行情况时，发现有车间的物品没有按照“6S”要求摆放。也许很多人会觉得，稽查员摆一下就可以了，但从稽查的专业角度来讲，这是不允许的，因为这个问题没有被责任部门和责任人意识到，如果没有引起责任人的重视，这个问题就还会再次出现。

3. 误区三：重检查，轻整改

衡量稽查效果的标准不是检查出了多少问题，而是解决了多少在稽查中发现的问题。如果一周之内查出了几十个问题，但是没有一个得到解决，那么，稽查工作也就流于表面。

稽查最大的功能就是通过发现问题，达到解决问题、预防问题的效果，最后使员工养成一种好的工作习惯。若只是一味地查处、罚款，而不进行整改，就不能从根本上解决问题，还会使企业员工怨声载道。在稽查员查出问题后，最关键的是责任人要想到如何进行整改，如何避免同类问题再次发生，而不是简单地在罚单上签字了事。

4. 误区四：全权拜托稽查部门

稽查部成立后，通过稽查，企业正在向好的方向发展，此时，企业高层不能认为稽查部的人“个个是人才”，就采取拜托式管理的方式，而不关注稽查员的成长。事实上，在稽查部成立之初，企业高层需要与稽查员保持密切沟通，即使不能每天沟通一次，也至少要每周沟通两次，针对稽查员的成长和变化及时地进行纠偏、鼓励，而不是让稽查员进行自我管理。

另外一种“拜托”式管理的表现就是依靠稽查部门处理所有的事情，特别是人事工作。在朗欧的稽查体系思想中，稽查部门不能够直接参与到人事工作中，人事上的问题应该交由领导来处理。

5. 误区五：稽查员必须要有经验

有的企业高层认为，稽查员要有经验才能发现问题，才能协助解决问题。但在选择稽查员的时候，朗欧更看重的是人的品性，而不是人的经验。哪怕是一个刚毕业的员工，只要他的品性符合稽查员的要求，那么在稽查体系的训练之下，通过半年或一年的工作实践，他也能够成为一名合格的稽查员。

当然，品性好又有经验的人是最佳人选，但是这种人可遇不可求。往往有经验的人会执着于他的经验，把以前的工作方法带到稽查工作当中，这是很致命的，因为稽查的工作方法与原有的工作方法全然不同。如果一个人在开展稽查工作时一味地依赖自己的经验，反而会阻碍稽查体系的建立和企业的发展。

6. 误区六：稽查等于行政检查

初步了解稽查后，很多人感觉，稽查像“6S”检查、品质检查、安全检查等行政检查，甚至有人认为稽查是行政部门该做的工作。其实，这样理解没有错，但不准确，因为行政检查也是每天要做的，但稽查不单单是检查和奖罚，检查和奖罚只体现了稽查中的“稽”字。而很多人不明白“查”字的含义。“查”就是查实、反复检查。稽查在发现问题后，有一系列的举措来保证问题能够得到根本的解决，而不会重复发生，并且会通过持续不断的检查来检验制度是否得到持续落实，绝不是行政检查中的“以罚代管”和“整风式”的检查。

7. 误区七：稽查范围可以无限扩大

一般来说稽查都是依标准行事，在没有标准的情况下，稽查部门只能够将问题反馈，或以案例的形式制定标准。不能把没有标准的事项，或者是与生产运作不大相干的事情交由稽查部门来处理。比如，食堂伙食差、采购过程中的市场价格等问题应该归属行政部门而非稽查部门负责，不能因为稽查能够快速高效地发现问题而忽视其他部门的作用、弱化其他部门的职能。

8. 误区八：稽查员可以兼职

稽查员不可以兼职，因为兼职必然不能够专心。作为兼职人员，先做哪件事情，他必然会在心中权衡其中的利害。

况且，稽查是企业中“人”和“事”的结合点，反复的稽查工作又岂是兼职能够胜任的？如果企业高管任用兼职稽查人员，就是企业高管对稽查工作不够重视，无法将稽查的功能全部发挥出来，最后只能落得一个“四不像”的结果，这又会违背成立稽查中心的初衷。

横向问责保执行

稽查是提高企业执行力的最好方式。但是，企业规模越来越大，问题也会越来越多，检查、监督工作仅仅靠几名稽查员是远远不够的。企业要想办法壮大稽查员的队伍，让人人都成为检查者、管理者，企业的问题才能无所遁形。接下来要探讨的“横向问责”机制，就是一个可以让每个人都成为检查者、管理者的方法。

1. 横向问责的含义

企业管理要求做到“三权分立”，“三权”不是指国家管理层面的立法权、行政权和司法权，而是指企业管理事务中的决策权、执行权和监督权。当一件事情的决策权、执行权、监督权都在一个人/部门/岗位上的时候，管理一定会失控，一定会出问题。因为当权力集中在一起的时候，依靠的就是权力拥有者的责任心和主观意愿来约束，对个人的依赖程度就很大。当怎么做、什么时候做、做到什么程度都由一个人说了算的时候，这个人就会在具体事物上有很多的选择，当一个人可以选择的时候一定会选择对自己有利的做法，从而不利于公司的整体管理。

所以，朗欧企管管理理念强调：**权力不能私有，责利不能公有**。当权力私有的时候，就会出现很多管理问题；当企业里面的责任和利益公有的时候，就会出现责任和利益“吃大锅饭”的现象。

开办多年的企业，拥有很多的人才，也掌握了很多先进的管理办法。横向制约对企业来说，并不陌生。例如，企业里面需要购买物料，物料购买的决策权在计划部的物控员，物料购买的执行权在采购部的采购员，物料购买的监督权在仓库仓管员、财务人员。生产部生产产品，每天的生产任务的决策权属于计划部，生产计划的执行权属于生产部，任务达成情况的监督权属于 PMC 部、业务部，产品品质的监督权属于品质部……

从理念上讲，大部分企业都有将决策权、执行权、监督权分立。从组织设立的角度来讲，大部分企业都有按照部门间横向制约的指导思想来设置各部门，现在大部分企业都设有 PMC 部、品质部、技术部、工程部、品牌策划部等。人事部负责招人，品质部把控品质，PMC 部负责任务细化、物料控制，技术部门处理工艺技术问题……分工如此明确，可为什么企业还是会有那么多的问题呢？就是因为企业没有让各个部门在细节工作中做到真正的横向制约和究责。

横向管理的核心是横向制约和究责。**横向制约就是赋予做实事的人以管理的权力**，这里的管理不是行政管理，而是对事情的管理。比如，生产部的领料员去仓库领料的时候，领了多少物料，是不是按单发料，这些情况仓库主管和生产经理并不清楚，清楚这个情况的是仓管员和生产部的领料员，因为他们在发料、领料的时候有个交接的过程。在这个交接的过程中就存在着横向制约。但是，常规来讲，生产部的领料员没有权力管理仓库的发料员，同样，仓库的发料员也没有权力管理生产部的领料员。横向制约就是强调在发料、领料的过程当中，如果发现数量不对、没有按单发料等问题，领料员就可以对仓管员进行问责。横向问责主要是赋予了平行部门之间“员”字辈人员相互管理事情的权力。

横向问责是横向制约的核心。横向制约没有做到位的原因，归根结底在于没有进行横向问责。**横向问责是员工与员工、上下工序、平行部门之间对违纪违规行为进行检查和制约的管理方法**。通过实时问责让每一名员工都能自动自发地对流程进行维护，解决管理者监管不到位的问题，让员工逐渐养成按制度流程、按规定做事的习惯。

2. 推行横向问责的步骤

（1）梳理流程文件

横向问责一般在管理变革开展了6～8个月之后推行，因为横向制约需要前期的流程梳理、流程卡的建立、标准的制定、稽查等工作作为基础。有些企业老板要求在朗欧企管的老师刚进驻企业时就推行横向问责，但由于企业员工对制约标准没有一个明确的概念，即使立即推行，也不会有效果。

通过前期工作，企业已经基本形成了标准流程与规定。借此推行横向问责的机会，企业可以将前期的基础流程文件汇总，进行必要的修订并将试运行的文件升级为正式版本。

（2）对流程文件的学习和考核

管理变革推行五六个月以后，很多管理人员容易遗忘前期推行的流程卡和制度文件的内容，甚至稽查部都会“麻木”，导致检查没有重点，或是新加入的稽查员不了解流程的情况。

通过第一步整理出的流程文件和流程卡，要由流程文件和流程卡制定的主导人组织相对应的执行部门人员进行培训，培训完成后还要进行考核。这是企业经常忽视的一个问题，企业管理者要么派人到外面听课，要么去学习所谓的“流行”的管理模式，但其实企业内部自发“生长”出来的流程文件才是企业员工真正需要学习的。

学习和考核有两层意思。第一层含义，管理岗位层面的流程文件和流程卡，主导人要组织大家进行培训、考试和评比。第二层含义，员工层面的流程文件和流程卡，要由一线管理人员在每天的早会上带领员工一起朗读和学习。当全厂成百上千名员工同时学习岗位的操作流程的时候，整个企业的氛围、员工的精神面貌都会发生非常大的改变。当然，形式可以有所变化，比如可以让员工来领读，真正的指导思想是要让大家通过对流程文件的学习和考核，对相关的流程制度了如指掌。

（3）建立横向问责标准

和稽查的标准一样，横向问责的标准也要非常清楚。通过前期对流程文件的梳理和培训，就能够将各个部门的流程文件、流程卡中涉及横向问责的工作环节摘录出来，汇总形成各个部门的横向问责一览表。

横向问责是横向制约的核心，横向问责一览表又是横向问责的核心，因此一定要保证一览表制定过程的规范性及内容的详细程度。

企业的各个部门都要把和其他部门存在横向制约关系的流程点梳理出来，形成各部门的横向问责一览表，表中必须包含：

A. 明确的横向问责部门和开单人；

B. 明确的责任部门和责任人；

C. 明确的横向操作标准和责任标准；

D. 第三方确认（稽查确认）；

E. 明确的横向问责来源（哪个流程卡，哪份流程文件）。

如果表中涉及流程卡里未做出明确规定的标准，可由两个横向部门协商制定横向问责标准；横向问责一览表完成后要在企业会议上同大家确认并会签此表。当产生新的制约关系时，可以制定一些新的标准，并由横向制约的双方确认，达成新的横向问责标准。

（4）建立横向问责流程

横向问责动作流程卡范本参见表3－2。完成横向问责动作流程卡后，要制定横向问责推行方案，以便推行横向问责。

（5）推行横向问责

首先，要组织管理人员再次进行横向问责的培训，并进行考核。

随后，组织管理人员和员工参加横向问责启动大会，对横向问责工作进行宣传，并征集横向问责宣传标语，制作成展板挂到车间。并于每天、每周进行横向问责的评比和PK，表扬“横向开单第一人”。

具体的操作流程会由朗欧企管的老师在企业里面带领大家完成，在此主要阐述其中的指导思想。

表 3－2　横向问责动作流程卡（范本）

<table>
<tr><td colspan="2" rowspan="3"></td><td rowspan="3">×××有限公司</td><td>文件编号</td><td></td></tr>
<tr><td>文件版本</td><td></td></tr>
<tr><td>出文部门</td><td></td></tr>
<tr><td colspan="3" rowspan="2">横向问责动作流程卡</td><td>生效日期</td><td></td></tr>
<tr><td>页次</td><td></td></tr>
<tr><td>卡点</td><td>控制操作流程</td><td colspan="3">控制要点</td></tr>
<tr><td rowspan="3">横向制约</td><td rowspan="3">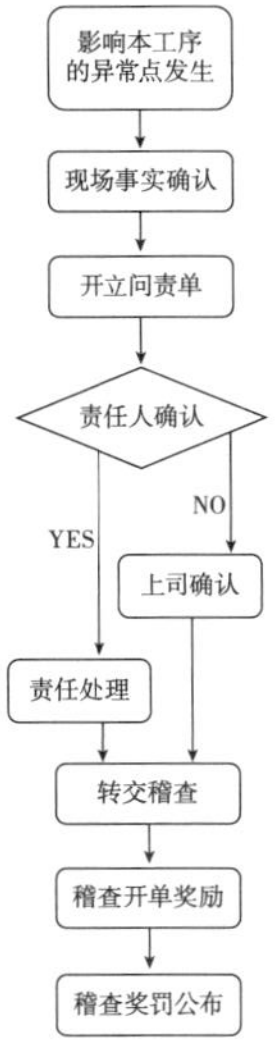
</td><td>标准</td><td colspan="2">1. 各部门或工序完善各自与相关部门或工序的横向问责标准一览表，其依据是之前制定好的各类与本部门或工序相关联的横向控制流程卡、动作流程卡或其他三要素流程卡、制度等，如之前没有定标准的可重新制定新的标准作为执行依据，会签后生效；
2. 各部门或工序根据异常点对本部门或工序的影响程度，依问责标准由责任人填写横向问责单并让责任人签名确认（如有影响到本工序但又无执行标准的，则可由稽查副主任主导制定临时执行标准并作为下次问责标准修正的依据）；
3. 发现人开出横向问责单但责任人拒绝签字的，由发现人反馈到本部门直接上级处，由直接上级与责任人直接上级沟通协调，确认事实，由责任人直接上司签字后生效并对责任人进行双倍乐捐处理（拒绝交纳现金的在工资中扣除），若责任人上级亦拒绝签字确认事实的，发现人直接上级向责任人上级的主管领导反映，确认事实并对责任人进行四倍乐捐处理，以此类推；
4. 责任归属
4.1 工厂内部：工厂内部发生的问题由下工序直接给上工序开单，只追究上工序未控制的责任。如果上工序的异常是因第三方原因导致的，则要在下工序追究上工序责任前把第三方的责任单开出，否则全部由上工序承担；如果在下工序追究上工序责任时，上工序已经把第三方的责任单开出，则可在问责单上注明“已追究第三方的责任”、乐捐金额是多少、问责单的编号是多少，这样被问责的次数可不计在此上工序上（即开单数计二次，责任者只计一次）；
4.2 工厂外部：如客户投诉等问题，能划分责任的划分责任，无法划分责任的由相关部门共同承担责任；
5. 每周每个部门按照横向问责任务书的要求开出相应数量的横向问责单；
6. 具体奖励办法参照横向问责活动推行方案</td></tr>
<tr><td>制约</td><td colspan="2">各部门、岗位、工序人员依据汇编的横向问责标准一览表做好监督工作；
稽查员对各岗位横向问责情况进行检查，对有异议的可召开仲裁会议进行仲裁</td></tr>
<tr><td>责任</td><td colspan="2">1. 稽查人员在稽查过程中，发现横向部门和本部门针对异常责任人不开单或隐瞒不报，经查核属实的，给予责任双方 50 元乐捐处理；如发现为了完成任务相互开单来充数而弄虚作假或有其他作弊行为者，给予责任双方 200 元乐捐处理；
2. 所有当事人都享有投诉、申诉权利；发现相关人员已乐捐，而当事人没有开单，或没有将乐捐金额交稽查中心、私自扣押的，责任人乐捐 200 元/次，并对投诉人员给予 20% 的奖励</td></tr>
</table>

备注：1. 上、下工序定义：上下工序是以企业生产运作主流程为基础的各项工作的衔接岗位；上下工序包含了部门与部门之间、岗位与岗位之间和工序与工序之间，而非狭义的生产车间内部的生产工序；2. 各部门或工序横向问责一览表中无明确责任人的，责任人默认为各部门负责人；有明确责任人的，由各部门负责人负责落实横向问责单的责任；3. 各部门或工序横向问责一览表中问责项目与相关流程、制度、控制卡等的标准发生冲突时，按照横向问责一览表的标准执行

3. 横向问责推行过程中的常见问题及对策

（1）管理人员和员工碍于面子，不愿意开单

针对这个问题有两个对策。

第一，可以让管理人员在管理变革周例会上或横向问责总结会上，在老板和高层面前公开做出开单任务承诺，即承诺今天或者这个星期开出多少横向问责单。曾经有一位副总跟我说："这样做不利于我们团队建设，万一他没有发现问题怎么办?"但是，事实上，企业中的员工毫无疑问会犯各种各样的错误。而且横向问责的开单任务也不是凭空想象出来的，而是根据各部门、各岗位历史问题的数量设定的。

第二，可以下达横向问责开单周任务书，以任务的方式下达硬性要求，明确管理人员的开单任务。

横向问责是"改习惯"的"最后一公里"。通过前期工作已经养成了良好的工作习惯，在此阶段实施问责就是要督促大家坚持下去。只要改变了工作习惯，就能削减管理成本，最终使企业受益。

（2）横向部门开单后责任部门拒签单

责任部门可以通过申诉机制申诉，申诉成功后可以免受处罚。若申诉失败，针对这个问题，也有两个对策。

第一，及时调查相关情况并组织召开案例分析会，分析该负责人的操作是否符合标准，对不主动承担责任的责任人进行全厂通报并究责。

第二，由发现人反馈到本部门直接上级处，由直接上级与责任人直接上级沟通协调、确认事实，问责单由责任人直接上司签字后生效并对责任人进行双倍乐捐（拒绝交纳现金的在工资中扣除）处

理；若责任人上级亦拒绝签字，且确认事实的，发现人直接上级向责任人上级的主管领导反映，确认事实并对责任人进行四倍乐捐处理，同时责任人的直接领导也要承担连带责任，以此类推。

横向问责是提升企业执行力，让所有员工养成良好工作习惯的关键步骤。在推行横向问责的时候，稽查中心要做好评比总结工作，反复地检查，以快速解决相关部门在横向问责推行过程中遇到的问题。

学会从自身找原因

前文阐述了专职稽查和横向问责的机制。横向问责也可以理解为横向稽查，但执行力提升的最后一个阶段是自我稽查。专职稽查、横向稽查、自我稽查构成了执行力提升的三个阶段。

执行力是每一名合格的管理者和员工必备的职业素质。每一名管理者和员工都应当养成自我稽查的好习惯，要严于律己。老子曰："知人者智，自知者明。胜人者有力，自胜者强。"只有能够战胜自己的习性、不断挑战自己的人，才是强者。作为管理者，更应明白这个道理。

孔子曰："其身正不令则行，其身不正虽令不从。"很多管理人员只是要求别人，而不要求自己。就像很多父母教育小孩不能说脏话，但自己却天天在小孩面前讲脏话一样，这样的父母又怎么能教育好小孩呢？很多管理者在企业里经常讲："按照我的要求做。"每当听到这句话的时候，我总会听到背后隐藏的另一句话："但不要学习我的行为。"管理是一场修行，而不只是做规定、派任务。**一个合格的管理者应当严格要求自己，通过不断提升自己，言传身教，以身作则。**

提升执行力要从自身入手。检查就是从自身入手，在遇到前文提过的“你、我、他”问题（你交代了，我传达了，他没执行）时，要问自己一句：“我检查了吗，过程跟进了吗？”

检查，首先要把焦点聚焦在“我”身上。佛教讲“我执”。很多人对自我过于执着，总觉得“我是对的”。大家要静下心来，不要那么浮躁，做事情不要“我执”太重。**管理没有对错，只有匹不匹配、是否能解决问题的区别。**

总而言之，养成管理人员和员工自动自发地执行任务和反复检查的习惯才是提升执行力的根本方法。

附件

附件 3－1 订单评审流程卡（范本）

<table>
<tr><td colspan="2" rowspan="3">企业 LOGO</td><td rowspan="3">×××电子有限公司</td><td>文件编号</td><td></td></tr>
<tr><td>文件版本</td><td></td></tr>
<tr><td>出文部门</td><td></td></tr>
<tr><td colspan="3" rowspan="2">订单评审流程卡（范本）</td><td>生效日期</td><td></td></tr>
<tr><td>页次</td><td></td></tr>
<tr><td>卡点</td><td>操作流程</td><td colspan="3">流程要点</td></tr>
<tr><td rowspan="3">订单评审</td><td rowspan="3">接收订单
↓
业务订单初审
↓
订单评审
↓
交期确认/回复
↓
生产计划下达
↓
生产进度跟踪
↓
评审结果的跟进</td><td>标准</td><td colspan="2">1. 业务部业务内勤接收订单后对订单进行初审，确认订单内容是否清晰、完整（物料编码/物料描述/数量/客户名称）；
2. 常规订单（公司 3 个月以内批量生产过的产品）由业务部业务内勤对订单初审、确认接收并填写常规订单评审表；非常规订单（公司 3 个月以内未批量生产过的产品）由业务部业务内勤对订单初审、确认接收并填写非常规订单评审表；订单评审表上必须明确相关资料：客户名称、物料编码、物料描述、订单数量、客户特殊要求（包括要求交期）等内容，由业务部内勤初审后于每日 10:00、15:00 前分两次转 PMC 部部长并在订单接收记录表上签名确认（PMC 部在 10:00、15:00 这两个时间段，必须确保有人接收）；
3. PMC 部部长在接收非常规订单评审表后 1 小时内组织相关部门评审，常规订单由 PMC 部和生产部直接评审，特殊订单由 PMC 部长召集技术部、品质部、生产部、采购部、业务部进行评审；PMC 部长在 2 小时内将确认交期的订单评审表反馈给业务部内勤，由业务内勤在客户订单回复记录表上签名确认（当日订单评审工作必须当日完成）；
4. 销售部内勤接到订单评审结果后必须在 2 小时内将订单回传客户并确认交期；
5. 当订单评审结果不能满足客户需求时，业务内勤应根据各部门意见与客户进行协商，重新确认交期并在 2 小时内以订单评审表形式回复 PMC 部，由 PMC 部长按上述第三项再进行评审；
6. PMC 部计划员在 4 小时内将业务部确认的 3 天送货通知编制成滚动冷冻生产计划下发到相关车间组织生产；
7. 当客户需要对订单进行变更时，业务内勤需开出订单变更通知单；经业务部长审核后转交 PMC 部长处理，PMC 部长在接到订单变更通知单后 10 分钟内通知生产部停止生产并在 1 个工作日内统计订单变更造成的损失并划分责任，并在订单变更通知单上体现，属客户责任的要求业务部必须与客户沟通承担责任，业务内勤在接单后 2 个工作日内与客户书面确认并回复 PMC 部长</td></tr>
<tr><td>制约</td><td colspan="2">1. PMC 部长检查从业务部接收的订单内容是否清楚、完整；
2. 业务内勤检查 PMC 部接到订单评审表后是否在 1 小时内组织相关人员进行评审并在 2 小时内回复交期；
3. 业务内勤检查 PMC 部长是否按规定时间回复订单评审表交期；
4. PMC 部长与业务部长相互制约有无按订单变更要求进行处理；
5. PMC 部和稽查中心考核订单评审表中形成的决议事项，相关部门是否按时完成</td></tr>
<tr><td>责任</td><td colspan="2">1. 未按标准操作的，由检查者对作业者进行 5 元/次乐捐，稽查中心查实；
2. 作业者未完成而检查者未发现或发现未处理由稽查中心查出的，由检查者进行 5 元/次乐捐</td></tr>
</table>

附件3-2　稽查任务书（范本）

（周期：__月__日～__月__日）

制表日期：____年__月__日

项次	稽查项目内容	责任人	稽查员	完成时间	稽查员签名
1	订单评审流程卡	张三	李四	××××	李四
2					
3					
4					
5					
6					
7					
8					
9					
稽查中心副主任 年　月　日			总经理： 年　月　日		

注：稽查任务书由稽查中心负责人根据流程及公司运行重点每周进行制定，并依据此任务书每天制定稽查日计划。

附件3-3　稽查日工作记录表（范本）

稽查员：　　　　　　　　　　　　　　　　　　日期：

序号	稽查项目	被稽查部门	稽查时间	稽查手法	稽查记录	处理结果	备注
1							
2							
3							
4							
5							
6							

备注：

附件 3－4　稽查奖惩单（范本）

No：

口 问责　　口 会议决议　　口 流程制度　　口 流程卡　　口 其他

日期		责任部门		责任人		职务	

事实描述：

依据　　　　　　　　　　　　　　规定，口 奖励 口乐捐　　　元（RMB）。

<table>
<tr><td>责任人</td><td></td><td>责任人
直接上司</td><td></td><td>稽查员或
开单者</td><td></td><td>稽查中心
副主任</td><td></td></tr>
<tr><td>说明</td><td colspan="7">1. 此单一式三联，第一联稽查中心存档备查，第二联交被处罚部门或责任人，第三联交人事行政部。
2. 此单由稽查员现场开单，经责任人和其直接上司签字后转稽查中心副主任审核后次日通告</td></tr>
</table>

附件 3－5　整改通知书（范本）

接受整改部门		部门负责人		发出日期	

事实描述：

稽查员签字/日期：　　　　接受整改部门责任人签字/日期：

原因分析：

原因分析人签字/日期：

整改措施	责任人	完成日期

稽查中心副主任确认/日期：　　　　部门负责人签字/日期：

整改完成情况及效果：

部门负责人签字/日期：

整改稽查：

稽查专员签字/日期：

说明	此单一式两联，白联交整改责任部门进行整改，黄联由稽查员存根

通过稽查，提高执行力。
通过稽查，发现问题、让问题无处可藏。
通过稽查，客观公正处理问题、划分责任。
通过稽查，促进任务、目标的达成。
通过稽查，促进流程、制度的落实。
通过稽查，形成内部制约机制和控制体系。
通过稽查，为公司中高层管理输送人才。
通过稽查，形成雷厉风行的执行文化。

附件3－6　稽查战报（范本）

稽查部　　年　月　日

单位/部门/责任人			目标达成			变革任务		会议决议		流程制度		其他		总项数	达成数	达成率	排名	处理结果
			项目	承诺	实际	项数	达成	项数	达成	项数	达成	项数	达成					
营销中心	市场部																	
	销售部																	
生产中心	注塑车间																	
	前工序车间																	
	丝印车间																	
	装配车间																	
	工程部																	
品质中心	品管部																	
	实验室																	
研发中心	研发一部																	
	研发二部																	
生控及物料中心	生控部																	
	仓库																	
人力资源及行政中心	人力资源部																	
	行政人事部																	
财务中心	会计部																	
	信息化部																	
	采购部																	
	资金管理部																	

第四章

如何做好生产管理

当企业发展到一定阶段、具备一定规模后，就会发现个体效率高不一定等于组织效率高。

ERP 不仅是一个管理工具，更是一种管理思想。

做好生产管理的根源在于做好工作计划。

非稳定生产状态下，中小企业生产异常解决的速度，决定了日计划有效执行的程度。

现场改善要懂得向员工学习，向下属学习，因为现场的操作工比管理者更了解工作的细节。

通过会议，可以提供一个各部门展示和比拼工作业绩的平台，让重大事情呈现于阳光之下；可以让管理团队养成按数据说话的习惯；可以树立公司制度流程的权威；可以让老板、高管了解到具体的事情和问题。

在企业里面遇到问题并不可怕，可怕的是不去解决，不去从管理机制上想办法进行预防。要多从管理机制上入手，向管理要效益。

中小私企生产管理的痛点

1. 个体效率高不一定等于组织效率高

在很多管理者看来，一个企业中个体效率的高低决定着企业组织效率的高低。这个结论在企业发展初期、企业规模不大的前提下也许是成立的。因为规模不大、人员不多的时候，老板可以亲自下车间，跟着大家撸起袖子一起干，盯着每个人的效率，将每个人的效率发挥到极致，因此个体效率高组织效率就高。

但是，当企业发展到一定阶段、具备一定规模后，个体效率高就不一定等于组织效率高了。在企业的具体表现就是，车间里的员工看似都在忙，但是，业务部要求出的货却生产不出来，不急需的货却在仓库堆成山。显然，此时某一个部门、某一道工序、某一名员工的效率高，甚至是各部门、各工序中的所有人效率都高也不意味着企业的整体效率、组织效率高。因为企业作为一个整体，组织效率最终是要靠能够给客户按时、保质、保量交付产品体现。

可以看出，当企业发展到一定规模的时候，就需要注意组织效率了。有时候企业管理者不理解一些外资企业看似“死板”的管理模式，其实正是这种管理模式保证了组织的高效运作。就像高速公路一样，看起来好像不够灵活，不能随便上、随便下，也不允许非机动车上路，但实际上正是这些规定使得在高速公路上行车变得高效。因此，要重视从订单接入到成品出货的这条“高速公路”的建设。

传统的生产型企业的组织效率重点体现在生产系统，其他部门的工作基本上是围绕生产部门来服务的。所以，**提高生产系统的整体效率是生产型企业生存发展的关键。**

对于生产系统来讲，有以下几个数据可以体现其组织效率的高低：订单准交率、生产周期、交货周期、资金周转率等。作为生产型企业，关注组织效率、整体效率，首先要关注这些数据，而不应该只是凭感觉、只看个体的效率。

组织效率高意味着各工序、各部门之间的“协同作战”。在企业发展初期，老板亲自下车间，带着大家一起干，表面上看起来只是盯着员工工作，其实，在背后，老板也起到统筹和协调整个公司生产任务的作用。当企业规模扩大了以后，老板个人的精力有限，无法再靠老板来协调，此时就需要依靠管理系统地解决生产问题。

2. 整体生产状态不稳定

中国制造业，乃至世界制造业的主体绝大多数都是中小企业。一部分中小企业成了“高”“精”“尖”大型企业的配套供应商，还有一部分中小企业从事传统制造业。这就意味着绝大多数中小企业都处在产业链的中低端。处在产业链中低端的中小制造型企业，面临的不稳定因素主要有以下几点：

（1）订单不稳定

中小企业不像处在产业链高端的大型企业可以根据销售预测、

市场分析相对准确地定量生产。在中小企业里，插单、改单、加单、消单的现象非常普遍。中小企业在订单的预测和生产上基本处于被动状态。有些企业甚至为了满足客户的需求、为了能够快速出货而积压大量的库存，结果在客户产品升级换代后给企业造成了巨大的损失。

（2）供应链不稳定

朗欧企管的老师在企业中进行供应链调研的时候发现，很多中小企业的供应商都是“小作坊式”的，有些供应商就是夫妻二人带着几个人在家中进行工件的加工而已。企业考虑到成本和利润的问题，只能跟这些“作坊式工厂”合作。

据统计，很多企业的采购准交率不足80%，在一些组装型行业，这一比率甚至更低，比如，在灯饰、锁具、五金行业中，很多企业的采购准交率不足30%。物料不能按时回厂，何谈按时出货？企业的组织效率又怎么会高呢？这在很多企业甚至成了生产状态不稳定的主要原因。

（3）企业内部生产过程不稳定

这一现象在产品生产工艺路线长、配件多的行业里面尤为突出。传统企业自动化程度不高，在生产工艺路线长的产品时，各道工序都有可能出现设备异常、品质异常、材料异常、人员异常等问题。内部生产过程的不稳定是中小企业面临的主要问题，也是很多企业最头痛、最难解决的问题。

中小企业面临的生产状态不稳定问题还有其他表现形式，在此不一一赘言，以上三点是企业中最容易出现的三类不稳定状况，也是朗欧企管要协助企业重点解决的问题。

2017年4月，我和著名财经作家吴晓波老师带领40多位企业家去德国保时捷斯图加特工厂现场参观其生产流水线。一到车间现场就能感受到一种内在的秩序，车间呈现出一种非常稳定的状态。保时捷汽车的拥有者都知道，保时捷的汽车都是个性化定制的，每个人对每台车的定制需求都不一样。我在现场看到，在一条几十米的生产线上同时生产着卡宴、911、博克斯特、帕纳梅拉等几个型号的汽车，就算是同样一款帕纳梅拉车，每台车的颜色、配置和其他个性需求都不一样。稳定的生产方式成就了保时捷的高毛利率。

首先是订单的稳定。保时捷斯图加特工厂每天生产 250 辆车，每天每种车型的订单数量非常稳定。

其次是供应链的稳定。所有供应商的物料都是恰时供货，提前两小时送到工厂，然后直接进入生产线进行装配。我在工厂遇到一位在保时捷工厂工作了 40 多年、满头银发的德国大叔，我问他："如果物料中有不良品如何处理？"他当时很惊讶，明确地告诉我，这是非常小概率的事件，如果出现一个来料质量问题是非常严重的事情，供应商将面临严厉的处罚。

再次是生产过程的稳定。每天每条产线都有着明确的生产任务。

最后是员工的稳定。在距离保时捷斯图加特工厂一公里的地方，是保时捷的职业培训学校。很多人在十五六岁的时候就进入该学校读书和实习，培训完成并考核合格后就到保时捷工厂上班，直到退休。员工的专业素养、职业化水平、"以厂为家"的情感铸就了员工的稳定状态。

对个性化要求极高的生产线都能达到如此稳定的生产状态，背后是多年民族工业发展的结果，也是日积月累的精细化管理的结果。虽然目前中国的中小企业与保时捷的生产状态存在鲜明的对比，但是，通过精细化管理，至少是可以朝着稳定的状态不断前进的。

（作者在德国保时捷博物馆前留影）

3. 基础资料大量缺失

在为中小企业提供管理咨询服务的过程当中，我发现大量的传统企业里面基础资料缺失，数据流不完整，甚至还没有被建立起来。有的企业在多年的发展过程中收集了一些数据，也上线了 ERP（Enterprise Resource Planning，企业资源计划）系统，但是数据的真实性很难保证，因而不能够真正起到指导生产的作用。这也是有的企业 ERP 系统推行不成功的重要原因。

中小企业主要缺失以下几类生产基础资料：

（1）技术资料

BOM 表是说明某产品部件构成的最基本的资料，但是在一些还在靠经验、靠人盯人式管理进行生产的企业中，要么根本没有 BOM 表，要么就是 BOM 表的准确性不高。也许会有人觉得不可思议，但这确实是中小传统企业里面的普遍现象，甚至在年产值 10 亿元左右的传统生产型企业里都存在这种情况。技术参数档案的缺失、技术资料的不完善等问题，给中小企业的生产管理增加了难度，导致在生产过程中出现技术层面的异常。

（2）工艺资料

很多中小企业缺失工艺资料，例如产品的作业指导书、工艺流程等。很多企业全凭管理者个人的经验来进行生产；当出现问题以后，就跟其他部门相互推诿。在这种企业中，很少能看到完整的工艺流程图，也很少看到工人严格按照作业指导书进行生产。

（3）生产资料数据

统计生产资料数据的表单包括套料单、配料表、计划表等。经过朗欧企管老师的严格核查发现，很多企业里面仓库账物卡的准确率非常低。仓库是存放产前准备物料的核心地点，缺失仓库数据会给生产管理带来很大难度。

（4）职能部门

生产管理中最重要的就是资源的统筹、生产计划的编排和跟进，但很多企业还没有成立 PMC 部，业务部接到订单以后直接将生产任务下达给生产部，车间生产完全由车间自主决定，所以经常会出现业务部与生产部“骂架”的情况。因此，我们在做咨询的过程中，对客户企业调研以后要做的第一件事就是调整组织架构，即组织再造。

很多企业家一谈到调整组织架构，第一反应就是：“是不是又要招人?”其实，每家企业里面的职责都是完整的，因为如果缺少某个环节，产品肯定无法顺利生产。例如，很多企业没有成立 PMC 部，没有设置计划员这个岗位，但也有生产计划，只不过是由厂长、生产经理，或者是厂长和生产经理的助理制定而已。**调整组织架构就**

是让企业中的每个人都各司其职，在组织架构图中的什么位置就做什么工作，这样才能为流程的顺利执行打下基础。

一旦企业在生产管理中出现问题，如果缺失职能部门，就会导致“谁都没有责任，都是企业老板的责任”的现象。有一次，一位企业老板说：“我很会用人，都是一人多岗。这个计划员在生产部还可以兼任生产文员的工作。”但我了解到的实际情况是，单是计划员的工作就已经让这个员工满负荷工作了。老板如此“调兵遣将”看似很精明，节约了人力成本，但背后其实是很大的浪费。原因就在于，这名计划员把计划员的工作和生产文员的工作都没有做好。

试想一个场景：当计划员的工作没有做好，要追究责任的时候，这名计划员会说：“我去做生产文员的工作了。”；当生产文员的工作没有做好，要追究责任的时候，这名计划员又会说：“我去做计划员的工作去了。”这就是职能不清导致的责任不清，最后会在企业里面形成相互推诿的风气。

4. 人才梯队建设不完善

在改革开放的大背景下，大量的中小企业“应运而生”，很多管理者都是跟着企业发展、从员工一步一步成长起来的技能型的管理人员，大都没有经过专业的管理培训。

现在的企业面临两个难点。一是老员工都是技能型的人才，这些技能型人才更擅长做事而不擅长管事，在管理知识方面有很大的欠缺；二是面对新生代的员工，在传统企业里面如果用老一套的方法，很难调动其积极性，难以管理。这两点导致企业难以建设完善的人才梯队。

没有完整的人才梯队会导致企业习惯性地“迁就”，标准化、流程化的管理就很难真正落实。很多企业跟朗欧企管合作的一个重要目的就是培养出一支专业化的管理团队，建立企业内部的人才梯队。

正因为有了以上的痛点，中小企业的生产管理就显得尤为困难，也就需要管理者学会运用好的方法、好的工具，发挥集体的智慧来做好生产管理。

难以推行的 ERP

ERP 是近年来比较有效的信息化管理工具，曾经它还只是大企业才能“享用”的东西，如今也逐渐在中小私企中流行起来，使用 ERP 的中小企业越来越多。

ERP 是建立在信息技术基础上，整合了企业管理理念、业务流程、基础数据、人力物力、计算机硬件和软件于一体的企业资源管理系统，是一套成熟的管理思想和管理工具。ERP 的有效使用，可使很多工作自动化，并大量地节省时间和人力，使管理变得更为准确高效。

然而，许多使用 ERP 软件系统的中小企业都无法取得令人满意的效果。这是为什么呢？原因主要有以下几个方面。

1. ERP 不仅仅是一个管理工具，更是一种管理思想

使用 ERP 系统对企业而言其实是一场巨大的变革，是对企业工作习惯和工作模式的一场变革。ERP 不仅是一个管理工具，更是一种管理思想。

通常情况下，在企业导入 ERP 时，所有的参与方，不论是软件公司，还是企业老板、企业管理人员都将 ERP 系统放在纯技术层

面，而没有意识到ERP系统蕴含着一种管理思想和管理模式，更没有把ERP的使用当作是一场“改造人的运动”。这种管理模式要顺利实施，必须具备一些基本条件——标准化、数据化、流程化的管理。当企业管理逐步实现了标准化、数据化、流程化，企业的整个管理模式就发生了根本的改变，这种改变与ERP系统本身不相关，主要是人的习性的改变，是上线ERP系统的前提。ERP系统，其实代表着企业一套全新的运作模式。

标准化、数据化、流程化的管理会与人们长期形成的不按标准、随心所欲、不受制约、自由散漫的工作习惯发生冲突，会在ERP系统还未上线前引发一场较量和博弈。除非管理人员接受了标准化、数据化、流程化的工作方式，放弃了随心所欲的自我管理方式，否则，他们根本就不会配合软件设计师的工作，就会产生抗拒心理。这才是很多中小私企上线ERP系统时面对的最大的“敌人”。

任何一家软件公司都能够为企业提供ERP系统的设计与实施方案，软件工程师们也会与企业的管理人员详细讨论该方案，了解企业的需求，修改设计与实施方案。但软件公司往往不会考虑在ERP实施的过程中，如何引导企业员工的思维方式、行为方式向着标准化、数据化、流程化的方向转变，如何改变习惯了的管理模式，如何在这种改变中克服各种阻力等。ERP系统的技术工作并不难，难点在于在管理习惯“变与不变”的博弈中引导企业前行。**企业引入ERP系统的本质是一场精细化管理变革**。要完成这项管理变革，必须改造企业中的人，改变企业员工原有的习惯和模式，改变过去粗放式的管理模式。论难度，改变企业员工的管理思想和习惯，会占到推进ERP整个工作的80%以上。这就是诸多ERP项目无法成功实施的主要原因。

2. ERP 系统没有随企业变化而做出调整

ERP 系统在企业中的运行状况应当是不断变化的。很多使用 ERP 系统的公司，在外部顾问参与的阶段，项目进展比较顺利。经过几个月的试运行后，系统正式上线，这时 ERP 软件厂商和顾问即认为系统实施成功了。随着时间的推移，企业的业务流程、产品和人员发生了变化，ERP 系统的业务流程也应该进行相应的调整。但是，很多企业并未做到这一点，系统的维护及再次开发与企业的实际情况脱节。这种情况愈演愈烈，几年之后，企业的内部流程、主要产品已经发生了根本性的变化，原有的系统完全不能适用了，导致一些企业 ERP 项目失败。

3. 企业不注重人才培养

首先，一些企业原有的信息化水平较低，企业管理混乱，缺乏明确的流程。比如，岗位设置不科学，部门职能不清晰，没有规章制度，没有管理标准等；许多系统只收集与企业相关的内部信息，而在有效搜索、整理、开发和利用外部信息，特别是互联网信息的手段、方法和技术等方面还存在很多不足之处；企业员工对于企业业务流程的重组在思想上和认识上还有一定的差距。在这种情况下实施 ERP 项目肯定不会成功。

其次，员工文化素质整体水平比较低。传统生产制造型企业中拥有大专以上学历的员工很少，相当一部分管理人员的受教育程度还只是初中、中专、高中。但是 ERP 很多环节需要运用计算机，如果连计算机常识都不懂，连基本的录入都不会，就没办法实施信息化管理。即使实施之后，也会因为没有能力维护或缺乏维护管理人员，使 ERP 系统在运行一段时间后陷入瘫痪状态。

最后，企业管理人员对 ERP 系统缺乏深刻、客观、科学、准确的认知，对自身认识也不足，就导致在实施 ERP 的过程中出现失误，无法保证取得最后的成功。朗欧企管的一家客户企业，几年前就推行了 ERP 项目。该公司花了上百万元购买的 ERP 系统，只有“进”“销”“存”这几个模块能够运作，还异常频发，其他模块根本运作不起来。负责引进 ERP 的公司工作人员反映说，老板因为这件事还和软件公司的人大吵了一架，双方相互指责，差点要打官司。从这个案例中可以看出，企业老板并不是真正了解 ERP，不了解为何只有“进”“销”“存”这三个模块，也不了解异常问题频发的真正原因。

4. 企业不注重软件咨询与培训

在国外，实施 ERP 的逻辑顺序是“培训—软件—硬件”，而国内是“硬件—软件—培训”。有专家认为，鉴于人的重要性，培训应该放在第一位。由于我国许多企业未接受过完全竞争市场机制的“洗礼”，工业化尚未实现就进入信息化，因此应该在培训前面再加上一个“咨询”，即**“咨询—培训—软件—硬件”**。

咨询就是辅导，就是深层次的培训，就是为企业提供从管理思想到管理行为的指导。目前在我国中小企业 ERP 项目的实施中，软件、实施、咨询费用所占比例失衡。有时软件费用占 50% 以上，实施费用占 30%，咨询开销仅占 10% ~20%，导致软件供应商“兼职”扮演起咨询的角色，从而导致了 ERP 项目的实施成功率一直处在很低的水平上，推行成功率难以提高。

实施 ERP 项目，需要各部门相互协调、相互配合，各部门的数据录入、引用和单据流转讲究的是“同步作业”。特别是实施初期的

“并网”阶段，需要企业容忍人工操作与 ERP 操作之间的误差，不能因为这种“误差”给企业带来了更大的纠错工作量而认为“ERP也不过如此”，更不能就此放弃。只要坚持让人工操作与系统操作磨合几个月，系统才有可能正常运行。

业内流行这样一句话：“ERP 的实施是‘三分软件、七分实施、十二分数据’。”**中小企业要顺利实施 ERP 项目，必须从思想变革、管理模式变革入手，注重员工培训和人才培养。**“十二分数据”其实就是精细化管理。通过精细化管理将企业的基础管理提升一个台阶，建立起对应的基础数据、基础表单、基础流程以后再来推行 ERP 系统，时机才算相对成熟，此时运用 ERP 系统，就是**将管理流程信息化**的过程。现在很多软件提供商、许多企业也认识到了 ERP 运行难的问题。所以许多企业都在将 MES 系统（制造执行系统）与 ERP 系统配合着来推行，以解决 ERP 系统里的数据在生产过程中不受控的问题。

当企业的精细化管理达到一定程度后，将基础管理流程、管理工具信息化是企业发展必须要经历的一个阶段，此时，成功运行 ERP 系统就不会是天方夜谭。

生产任务不断细化

前文提到的中小企业生产管理的痛点，只要是做过工厂管理的人都会有所体会。企业中的生产管理难做的体现就是订单准交率不高，生产计划、生产任务总是不能按时完成。当开会讨论、剖析问题的时候又会发现，好像每个部门都有责任，又都没有责任，因为各部门都很努力，但结果就是不尽人意。

做好生产管理的根本在于做好工作计划。西方管理学提出管理具有五项职能：计划、指挥、组织、协调、控制。计划是排在第一位的，因此**生产管理要从细化生产任务、明确各部门分工开始。**

很多企业的管理问题就出在工作任务的“细化”上，因为工作任务、生产计划、部门分工不明确，导致责任无法划分，出了问题时常相互扯皮、相互推诿。

如何做好任务细化呢？主要从以下要点入手：

1. 订单的总体把控

订单是连接客户与企业的纽带，客户的抱怨、投诉大多源于不恰当的订单处理，比如，订单信息的不准确或不健全造成生产出来的产品并不是客户所需要的产品或导致交期延误等。

很多企业没有将订单进入的时候当成工厂生产管理的一个重点节点来进行控制，导致订单资料不全、客户要求不明确、产品包装资料不完整、交期不明确等问题经常发生。

（1）订单资料的把控

当业务部门接到订单时，首先要查看订单数量，判断订单是属于常规订单还是非常规订单。非常规订单要对产品参数、技术要求、工艺要求、品质要求、包装要求等方面进行确认。

业务部门在遇到问题时，要主动积极地与技术部、生产部、品质部等部门沟通确认。特别是业务部门很容易忽视包装要求，在企业里经常会出现产品已经生产出来但包装方式还没有确定的现象。

（2）订单评审的把控

业务部门确认订单信息以后，将订单交给 PMC 部，由 PMC 部组织技术部、生产部、品质部、仓储部、研发部等相关部门召开订单评审会议。在会议上确认此订单的各项资料是否齐全，相关部门明确工艺要求、品质要求、交期要求等，并制定订单评审表（订单评审表范本见本节附件）。与会人员确认后需要在订单评审表上签字确认。

签字确认后的订单评审表由 PMC 部存档。如果企业有 ERP 信息化管理系统，业务部需将此订单录入系统。

（3）订单变更的把控

当客户对订单数量、工艺、包装要求、交期等做出变更的时候，企业一定要由相关部门出具书面的变更通知书，并且要经相关领导签字同意后才能进行生产变更。

企业里面经常出现随意变更订单的情况，但是，没有人去统计分析变更订单所造成的损失，更没有人为此承担相应的责任。**订单变更的管控是中小企业管理的一个重要环节，是需要重点评审和追究责任的。**

（4）订单插单的把控

插单，是中小企业生产管理中必须要面对的问题，因为中小企业在很多时候受制于客户，完全不插单是不可能的，但必须对插单现象严格把控，切忌随意插单。频繁的插单会影响整个生产计划的编排，影响 PMC 部门的整体运作。

老板和高管尤其需要重视这一点。很多中小企业老板兼任着总经理的角色，客户有问题时也会经常直接给企业老板打电话。在这个问题上企业的老板和高管需要自我约束，改变自己在企业里面随意的作风，要严格按照生产计划排单生产。如果确实需要插单，要同 PMC 部、生产部沟通后做出客观判断、合理安排。满足了一个客户插单的需求，却影响了其他客户订单的生产进度，这样的插单得不偿失。很多管理人员也知道插单不好，但面对老板“强行插单”的要求的时候，只能凭感觉、靠经验，没有有力的事实、数据去说服老板停止插单的行为。

在朗欧企管进行项目咨询的过程中，当遇到此类问题时，我们通常会将插单行为造成的损失核算出具体金额，比如，因为插单造成其他订单的交期延误而赔付给客户的违约金数额。通过这样的方式让老板、高管了解插单所付出的代价。

（5）订单结案的把控

这也是一个容易被企业忽略的环节。当每一个生产订单完成以后，有 ERP 软件系统的企业要在系统里面进行结案，没有系统的企业也应当在各个表单中进行结案。结案时还应对整个订单所使用的材料、人力、时间等各项生产资料的成本进行核算，为企业后续的产品报价、成本核算打下坚实的基础。

以上是企业需要对订单总体把控的五个重点环节，主要还是要从订单接入的时候开始重视，因为这是生产之源。

2. 交期分解

当接到订单、业务部对订单信息进行完善与确认、PMC 部组织相关各部门进行订单评审、各部门对订单的完成时间进行确认后，PMC 部就要以此为依据，并根据目前已经在生产的订单情况制定订单的交期分解表，将整个订单总的完成时间通过交期分解表分解成各个部门、各个车间、各项工作的完成时间节点。

需要注意的是，PMC 部要先依据 IE 工程师的标准工时、各工序每天的实际生产完成情况做出具体的产能负荷分析，然后再制定交期分解表，而不是简单地依据某个公式计算得出，否则会导致生产计划在 ERP 系统里面难以实施。

交期分解以后，可以将此表与业务部门共享，业务部门就能依据交期分解的结果向客户准确地回复交期，这样回复给客户的交期是有理有据的，而不是原来与客户的大致约定或是业务人员口头承诺的交期。

3. 主生产计划的制定

当交期分解完成以后，要将订单分解出来的各个工序、各个部门的时间节点及订单信息一并录入到主生产计划表或 ERP 系统中，由此制定出主生产计划。主生产计划的制定要注意以下几个方面：

（1）主生产计划要分解到企业所有部门并细化到生产部的主要车间

主生产计划表中要明确各个部门、各个车间的资料及产品的上线时间和下线时间，这也是交期分解的主要目的。

只有将总的生产任务明确分解以后，才能分部门、分阶段进行把控。在订单跟进的时候，可以清楚地知道哪一道工序延时了，才能够及时地处理和补救，避免了等到出货日当天才发现产品还卡在某一道工序上的现象。

（2）主生产计划表一定要每日更新

只有每日更新，才能让各部门及时了解订单的生产状况，才能够保证后续日计划编排的准确性，计划才有指导意义。有 ERP 系统的企业也要切记每日更新。

（3）主生产计划表要有配套的生产进度跟进总表

企业里一定要重视并运用好这两张表。主生产计划表是工厂整体生产情况的一览表，也是工厂生产管理最核心的表单之一，而生产进度跟进总表让整个企业的生产进度都一目了然，也是主生产计划表每日更新的重要依据。

4. 日计划的制定

制定明确的日计划是生产管理的核心指导思想。工厂生产管理要以天为单位，每天制定日计划。很多企业只有一个主计划，或者一周制定一个计划，每周检查完成情况。久而久之，计划失去了应有的作用，完全变成了自由式生产。日计划的目的，就是给每个班组、每道工序、每个员工定下每天的工作任务。只有达成每天的任务，才能保证达成每周任务，才能实现月度目标。日计划的制定要注意以下几个方面：

（1）日计划要源于周计划、月计划、主计划

日计划一定要根据周计划、月计划、主计划、交期分解、订单评审等内容（每个企业生产的产品不同，计划的周期、内容也不同）制定。很多企业制定日计划的时候只是当天晚上看一下在第二天哪些物料是齐套的，就下达了第二天的日生产任务。这不是真正意义上的日计划，这种计划方式顶多是让生产线不停产，但产品是不是根据交货日期的急缓顺序而生产的就很难说了。**真正的计划是要让物料跟着计划走，而不是让计划跟着物料走。**

（2）日计划要提前排查

为什么要有主计划、月计划、周计划后才有日计划呢？因为前文提到中小企业的生产状态不稳定，所以要提前做好准备、做好排查，当生产过程中出现异常情况的时候，才能够及时进行调整。

日计划需要频繁地调整，不是指在结果上调整，而是在过程中不断跟进、调整，最终保证主生产计划的顺利完成。

（3）日计划要尽量细化到最小单位

根据每个工厂实际情况不同，能够细化到工序的则细化到工序，能够细化到机台的则细化到机台，能够细化到个人的则细化到个人。针对某一道工序要在各个工序之间反复交叉作业的情况，也可以只做到“控头控尾”就行了，但总的指导思想不能变。

（4）日计划一定要进行考核

每天对日计划进行考核，是检验日计划是否被有效执行的核心方法。很多管理者说：“我们都有日计划，日计划做得也很好”，但当被问起能否做到每天考核的时候，大多数管理者的回答都是否

定的。

为什么要强调日计划的考核呢？因为不进行考核，不将考核结果与基层管理人员的绩效挂钩，很多问题是不会暴露出来的。没有考核，就会导致“做多做少都一样”，出现了问题大家也视而不见。只要一考核，计划不合理、物料不齐套、资料不完善等问题就会暴露出来。

考核前期，各部门也许会“针锋相对”，但一两个月之后，当问题暴露出来并解决了以后，日计划就可以真正实施了。

（5）日计划要实时跟进

日计划制定出来以后，在具体的生产过程中，计划员、生产现场管理者要在产线上实时地跟进。朗欧的老师会要求计划员每一个或每两个小时去现场跟进各产线的生产进度。只有每条产线每个小时都能完成生产任务，才能保证日计划的顺利达成。

任务细化就是将管理的时间单位、空间单位不断细分，只有这样才能将生产任务一层层分解，从而也就明确了每个个体每天的工作目标，继而提高了组织效率。

生产物资提前排查

上一节解释了任务细化，任务细化是从任务计划的角度来进行的，而要想按时完成计划，重中之重就在于前期的物资准备。

很多管理者错误地将工厂的生产管理理解为："无生产不管理"，认为生产管理是在生产过程中发生的。稍加总结就会发现，物料的准备、工装夹具的准备、品质工艺和产线人员的准备等大量管理工作是在产品上线前就需要完成的。**一个优秀的管理者，一定是一个懂得将生产管理由产中提至产前的人。**

要想让计划按时完成，物资提前排查是关键。尤其是对生产状态不稳定的中小企业来说更加重要。

提到物资提前排查，就是需要进行"滚动排查"。针对非稳定态的生产型企业，只有滚动排查才能够很好地解决工厂生产管理中的问题。什么是滚动排查？可以理解为提前进行的、反复的排查。如图4－1，以周滚动排查为例：

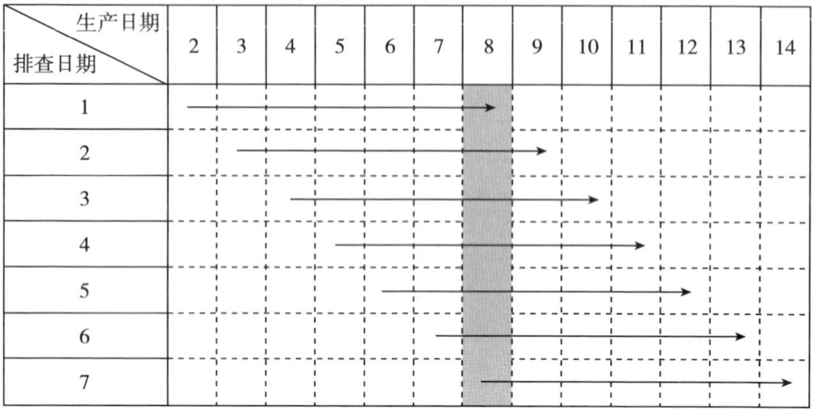

图 4-1　周滚动排查示意图

当月 1 号排查 2 号、3 号、4 号、5 号、6 号、7 号、8 号的物料，总共排查后 7 天；2 号排查 3 号、4 号、5 号、6 号、7 号、8 号、9 号的物料，总共排查后 7 天；3 号排查 4 号、5 号、6 号、7 号、8 号、9 号、10 号的物料，总共排查后 7 天；依此类推。

以周排查为例，8 号的物料总共被排查了 7 次，8 号的计划在 7 号当天被“冷冻”。排查的内容有物料、设备、工艺参数、品质要求等。在周排查之前还有月排查，在此以周排查为例，对滚动、冷冻等名词加以解释。

提前进行排查，是指 2 号要排查 8 号的物料，要跟催采购周期超过一个星期的物料，至少要跟供应商确定物料在 8 号生产之前能否到位。排查和滚动是连在一起的，只有滚动没有排查是没有用的。

以上从时间层面解释了排查工作，从排查的内容及重点来看，排查工作主要有以下六个方面：

1. 订单接入时的排查

订单接入时的排查是排查的第一个关口，由 PMC 部主导，主要通过订单评审来完成。很多企业会召开“产品发布会”“产品介绍会”，各个部门一起评审该订单的技术资料、工艺标准、能否生产、生产过程中可能会遇到的问题等，目的是为了提前发现重点问题、明确各个环节的时间节点。

2. 主计划编排时的排查

主计划编排时的排查，由 PMC 部主导、生产等各部门配合，主要是进行产能负荷、瓶颈工序分析，并提前排查长交期、非常规的物资。在很多企业中都会出现大宗物资都已回厂，但由于长交期、非常规的物资未到而影响生产投产进度的现象。

3. 账面备料和实物备料排查

账面备料和实物备料排查，由 PMC 部主导，仓库配合，PMC 部根据套料单进行账面备料，仓库按单进行实物备料。一般提前一周进行（如果产品的工艺路线很长，可以再提前一些），包括来料尾数的排查、首件检验的排查。

4. 日计划的排查和实物排查

日计划的排查和实物排查，由 PMC 部主导，生产部、仓库配合。企业要冷冻日计划，确保日计划执行，对尾数进行及时处理，就需要 PMC 部跟生产部做好协同工作，提前一天或两天完成日计划的排查。在生产线领取物料或物料配送的时候，要确保次日计划物资的齐备，以达到及时跟进与处理前工序尾数、调整前工序计划的目的。

5. 各生产工序之间的进度排查

各生产工序之间的进度排查，由生产部主导，PMC 部参与。排查的重点对象是各工序日计划、派工单任务的完成情况，重点排查内容包括派工单和看板。就像快递业经常讲的“最后一公里”，要将排查推进到最小单位，通过看板、日任务单，检查任务完成情况，将生产计划通过多重排查细化到每个机台或每名员工。

6. 各工序产品品质的排查

各工序产品品质的排查，由品质部主导，生产部配合。排查的重点内容是各个订单产品配件在各个工序尾数的品质情况。通过排查，及时地发现各个工序的品质问题，避免最后因品质问题无法及时清理尾数的情况发生。

通过以上几方面的排查做好生产物资的提前排查工作，才能保障生产顺利进行。排查工作乍一看好像很复杂、很繁琐，但把前期的基础工作做好以后，提前排查的工作量并不大。

提前计划、做好产前准备是有计划、有准备地去“吃苦”，而如果产前准备、排查工作不到位，就会导致生产过程中异常频发，管理者疲于“救火”，也会很“苦”。前者的“苦”只会让我们辛苦，而后者的“苦”则会让我们“心苦”，希望大家做一个“心不苦”的管理者！

生产异常快速处理

在生产过程中，日计划不能执行到位，很多时候并不是计划本身的问题，而是在计划执行过程中出现了生产异常。生产异常主要有来料品质的异常、人员的异常、制程品质的异常、设备的异常、技术结构的异常等。

因为有这些异常，在生产过程中时常会出现瓶颈，有些是“静态”的瓶颈（长期固定存在的瓶颈，短期无法解决的），也有些是“动态”的瓶颈（由各类异常导致）。在中小企业的生产过程中，异常和瓶颈总会时时出现，要想准时完成日计划，就必须要有一套快速应对、快速处理异常的机制。这也是中小工厂生产管理的重点。

中小企业要做到快速处理生产异常，可以从以下三个方面入手：

1. 明确各类异常的责任归属

明确各个车间、各种设备出现问题后的责任主体，比如，明确出现来料问题后的责任主体、明确出现技术问题后的责任主体等，每种异常问题都要有对应的第一责任人和第二责任人。明确责任，才能让一线员工在产线出现问题时第一时间联络相关管理人员。

2. 明确处理各类异常的时间节点和具体方法

我经常在企业里面看到类似的规定："当某生产线出现品质问题时，巡检员必须第一时间赶到现场。"这样的规定其实是形同虚设的，至多只是起到了明确责任主体的作用。在制定异常处理的规定的时候，一定要明确当异常提报后，各责任人在多长时间内必须到现场处理，具体处理方法是什么，这样才能做到责任明确。例如，当生产车间出现物料异常或设备不能正常使用的情况时，由车间主任填写异常提报处理单并在5分钟内交至PMC部计划员处，PMC计划员须在20分钟内调整生产计划，并将生产计划重新下达到生产车间。

除此之外，责任的追究也非常关键。在明确了异常情况的责任归属、处理的时间节点和具体方法之后，还要明确责任主体如未按要求执行需承担何种责任。

3. 做好生产异常记录

当出现生产异常以后，从异常的提报到异常的解决，都应当用相应的表单进行记录。也许有人认为只要能将异常解决，没必要做记录工作。其实，做好记录有如下好处：

第一，记录异常的具体情况有助于每周或每月制作生产异常分析报告，进而成为研发、品质、生产等各部门改进产品工艺和部门工作的依据；

第二，记录异常处理责任人的处理时间，有利于实现精细化管理，既能够达到快速处理生产异常的目的，又可以作为绩效评估的依据；

第三，异常处理记录能够为PMC部编排日计划提供重要依据；

第四，遇到不能及时解决的重大问题时，可以由 PMC 部组织相关部门研讨并形成攻关方案，以专项改善的方式进行攻关。

生产型企业一定要建立起相应的生产异常处理流程，既然没有稳定的生产状态，就更需要企业在第一时间处理生产异常。当然，随着提前排查工作越来越到位，生产异常状况就会越来越少，企业的生产就会日趋正常化。

管理动作现场落实

制造型企业的部门无非分为作业部门和职能部门两种，作业部门属于生产系统，对产品的作业产出有直接性作用；职能部门则包括 PMC 部、人事行政部、品质部等。无论是作业部门还是职能部门，尤其是对于生产型的企业来说，无论多大的规模，解决问题一定要到现场去落实。

比如，计划员做生产计划，需要每个小时（最多不要超过两个小时）到各个产线上去了解日计划的达成情况：8 点到 9 点做了多少，9 点到 10 点又做了多少，今天的任务量是多少，怎么样能够完成，能不能按时完成……这些问题是需要计划员到现场去寻找答案的，因此切记不要在办公室埋头做计划。当然，办公室也是现场的一种，有些工作确实需要在办公室完成。总之，哪里有问题就到哪里去，**"到现场"就是到问题当中去**。

因为在办公室我们总问"为什么"，而一到现场我们就会看到"是什么"。在办公室里面，我们会问："为什么会出现品质问题?""为什么会出现客诉问题?"我们问了太多的"为什么"，而"为什么"背后的答案会有很多种。但如果我们到了问题现场，"为什么"这个问题更多地就变成"是什么"了。是不是供应商的产能有限?

是不是在查环保问题？是不是停电了？是不是付款不及时？

没必要问太多“为什么”，遇到问题多到现场去看“是什么”。**化“为什么”为“是什么”，这就是动作现场落实的要诀。**

管理结果数据呈现

在生产管理中，品质状况、任务达成情况、生产周期、订单准交率、生产异常等情况，都要每天用量化的数据来呈现。

企业开会的时候经常能够听到类似“PMC 老是插单生产”“某某工序的品质问题很多”“来料异常高居不下”的话，这都是在靠感觉交流。

插单很多，到底有多少？插单导致的后果怎样用数据呈现？不要只对老板说某某经常插单，可以把插单的数量以及所产生的影响进行数据化的统计，把插单造成的损失用数据的方式呈现给老板，老板自然会衡量利弊，做出决定。

作为管理者，要懂得“结果数据呈现”。如果来料问题很多，就把来料问题进行分类统计：每个问题占的比例是多少，哪几个供应商出现的问题最多，将数据统计出来后很多问题就迎刃而解了。

结果要用数据呈现，因为数据反映和代表着事实。而如果靠感觉，感觉本身就很空泛，大家“感觉”对“感觉”，就是“空泛”对“空泛”。特别是在生产型的企业中，生产部跟各个部门之间都在互相抱怨，这其实就是“感觉”对“感觉”的一种体现。

如果对每一件事情都能够有量化思维，能够把结果、影响以及管理过程用数据量化的方式呈现出来，那么，所有人关注的焦点就会在事情上面、在问题上面。

只有把前面五节所讲的这五个方面做好了，才能做好生产管理。这是我带领朗欧企管咨询团队服务了一百多家企业后总结出来的心得和体会，也是朗欧的老师在进入生产现场以后，在解决实际问题的过程中总结出来的一些方法。希望读者朋友们能够按照这几个思路去践行。将它们总结起来就是制造型企业的生产管理者需要烂熟于心的30字要诀：**任务不断细化、物资提前排查、异常快速处理、动作现场落实、结果数据呈现**。

如何做好现场改善

日本“经营之圣”稻盛和夫先生说过：“答案在现场，现场有神灵。”这个“现场”，既可指工作现场，又可指大自然，也可指尘世间。对工厂的生产管理而言，就是要求管理者在遇到生产瓶颈、管理疑难问题的时候要懂得关注现场，做大量的现场改善。

不到现场，很多时候都只是“纸上谈兵”；不到现场，很多实际情况、一手资料也无法掌握。管理者只有到现场去、到问题当中去，才能够了解问题、分析问题，制定改善措施，最终解决问题。

那么，究竟如何做好工厂管理的现场改善呢？我将朗欧企管在企业驻厂咨询过程中的经验总结为以下几点：

1. 选取现场改善重点

现场改善千万不能贪大求全，要聚焦改善点，**不要企图通过一个改善动作解决十个问题，而应该用多个改善点合力解决一个问题。**比如，某家具企业出现产品品质不良的问题，问题可能出在机械加工工段、油漆加工工段或包装加工工段，每个工段又有多道工序，这时就要懂得选取改善重点。不要试图全面控制，即使出发点是好的，但是想一下解决所有问题，在操作层面也难以实现。

因此，现场改善一定要选重点，要懂得聚焦，选取的改善点太多就注定了不能聚焦，因为企业中没有那么多改善型的员工，也没有那么强大的 IE 团队。如果同时聚焦在多个改善点上，会增加企业管理成本，造成管理过剩。

2. 现状分析

改善点选取后要进行现状分析。比如，如果是油漆工段造成的品质问题，那么导致油漆工段品质不良的因素有哪些？是杂色、颗粒、裂纹，还是色差？

要把现状分析清楚，就得进行非常具体的数据统计。比如，产品合格率只有 85%，油漆不良占所有品质问题的 15%，那么就需要将导致油漆工段的杂色、裂纹、色差、颗粒等问题的不良率进行分类统计。只有这样，才能进一步分析杂色、裂纹、色差、颗粒等问题是怎么出现的，才能真正解决油漆问题造成的品质不良。这样分析的目的也是培养管理者用数据，而不是靠感觉管理的习惯。做现场改善的时候最容易犯的错误就是靠感觉。

所以，在现场改善的过程中一定要进行现状分析，而且是细致的数据统计分析。通过细化的数据就知道油漆工段的不良要如何改善，比如，如果通过分析得出油漆不良中颗粒不良占比最大，那么具体的改善工作就是过滤油漆、清洁油房、清理气泵等。通过如此简单的几项工作就可以解决油漆工段因为颗粒不良而产生的大部分品质问题。看似简单的改善工作，是通过对现状抽丝剥茧般地分析和数据统计得出的。

现状分析是否到位有一个标准：最后提出的具体改善方法是否需要解释，如果改善动作还需要解释说明，则证明现状分析还没有

做到位。

3. 确定改善动作

改善动作要非常具体、明确、具有可操作性，要同时具备三个要素：谁，在什么时间，做什么动作。

4. 组织确立

现场改善要成立改善小组，也叫组织确立，有十二字方针：“高层挂帅、中层指导、基层落实”。改善小组的成员并不是固定的，企业里面的IE团队才是专职的改善小组。但是，现场改善单单依靠现有的IE工程师、IE技术员是远远不够的，管理人员也要懂得做现场改善，要针对不同的改善点，成立不同的临时的改善小组。

现场改善小组要有高层挂帅。高层起到资源支持和统帅的作用，因为改善过程中肯定会遇到人、事、资源配置上的问题。中层指导，是指现场改善一定要有中层主管去配合和监督。基层落实则强调要有具体的执行人，发动广大基层员工参与到具体的改善工作当中。现场改善最重要的是要发动全员，而不是仅仅依靠管理者、IE工程师、IE技术员；现场改善要懂得向员工学习、向下属学习，因为现场的操作工比管理者更了解工作细节。简而言之，现场改善小组一定要有执行、监督、资源支持。

5. 设定改善目标和时间节点

改善小组成立后，一定要设定明确的改善目标和时间节点。很多人做现场改善没有目标，也没有数据统计，这样就无法达到改善的目的。改善的目标一定是数据化的目标，而且是过程管控的数据化目标、分类管控的数据化目标。同时，改善工作还要有明确的时间节点。

这里有两个需要注意的地方：

（1）现场改善要分阶段进行

有些人说，把改善的目标设高一点，员工就会想办法找“梯子”，这样员工就能触到更高的目标。但我更倾向于实实在在分阶段设置目标，让员工先原地“跳一跳”，再去找“梯子”。很多员工连“跳一跳”的积极性都没有，更别说去找“梯子”了。

因此，设立现场改善的目标要分阶段，例如在现状分析完成以后，发现企业产品的不良率为15%，那么分阶段的目标就是把不良率依次降到12%、9%、6%、3%。

（2）分段改善项目的时间周期一般不要超过一个星期

周期一长，就不可能做到频繁总结、重点关注。所以，分段改善项目的时间周期不要超过一周，而整个改善项目的周期不要超过一个月。

6. 设立正负激励

现场改善一定要设立正负激励，要有明确的奖罚。“做好做坏一个样”就不叫专项改善了。对达成目标的员工给予奖励，对没有达成目标的员工也要有负激励，总体来说要奖大于罚。

7. 改善动作的标准化

在现场改善的实施过程中，要将改善动作标准化、模块化。很多企业把现场改善理解为“运动”，导致现场改善不能持续。至少要把现场改善理解为“长期、持续的运动”，在进行改善的过程中，要考虑到如何将这些改善动作持续下去并将其标准化。

8. 对改善动作的反复检查、跟踪

改善动作制定后，要反复检查执行情况，并跟踪效果。不同的改善项目检查的时间周期不一样，有的改善项目甚至要求管理者每个小时都要去检查。

9. 及时总结，树立榜样

检查过后，要及时总结，树立榜样。现在很多企业不懂得对改善活动进行总结，对改善结果总是感性地评价为“还可以”“一般般”。在管理过程中，遇到无法量化的问题就要求管理者一定要懂得树立榜样。比如什么叫“忠心”是没办法量化的，但是，大家都认为像岳飞一样的人就是忠心的人。什么叫“智慧”？像孔明那样的人就是有智慧的人。什么叫“帅气”？像潘安那样的人就是帅气的人。这些就是“榜样”。榜样的力量是无穷的，企业管理者也要找到企业里面的“岳飞”“孔明”和“潘安”。

10. 巩固改善成果，形成可持续的模式

比如，做品质改善以后可以将具体操作拍成视频，制作成培训教材；再如，可以将员工的操作标准化，形成员工的作业指导书；又如，还可以把正负激励作为长期的绩效考核。这些措施都是为了巩固现场改善成果，形成可持续的模式。

管理没有捷径可走，一定要多去现场，做大量的现场改善。

生产管理必须要开好三个会

不论是机关单位还是企业，开会是必不可少的工作环节。但大家都厌恶冗长、低效的会议。**缺乏管理的会议浪费时间、精力与金钱，又毫无生产力，但这种会议是可以避免的。**结合朗欧企管驻厂咨询的实践，我认为在工厂的生产管理中必须要开好三个会议：部门/车间班前会、生产协调会和管理周例会。

1. 部门/车间班前会

利用部门/车间班前会，可以说明新产品、新方法、新工艺，提高员工的技术水平，传播品质观念，宣传公司各项政策，真正做到始于教育、始于培养；

利用部门/车间班前会，可以实施追踪与管理，对品质异常进行检讨、分析与矫正，对过去工作加以回顾，总结经验、改正过失；

利用部门/车间班前会，可以安排每天的生产任务，说明市场反应，传达上级指令；

利用部门/车间班前会，可以培养员工好的习惯及行为观念，通过对工作素养、工作伦理及工作习惯的宣导，促使员工不断改进，从而提升整个公司员工的素质；

利用部门/车间班前会，可以培养主持会议的管理者的管理能力、演说能力，提升管理者的形象、风范与气质。

部门/车间班前会是企业管理者必须运用好的一个工具。很多企业也开早会，但是我在走访中发现，很多早会流于形式，存在纪律差、团队士气不佳、内容不具体等问题，没有得到应有的效果。甚至有些管理者认为不如不召开，节省出的时间还可以多做一些工作。

部门/车间班前会是朗欧的老师进驻企业后要抓好的基础工作之一。开好部门/车间班前会需要做好以下几点：

（1）会议频率

部门/车间班前会，每班前都要召开（一班制早上上班前开，多班制逢班前召开）。基层保持每天召开。主管选择重点班组、车间、部门参加，保证每周至少到每个单位参加一次。经理保证每两周至少到每个单位参加一次。

（2）会议时间

部门/车间班前会的时间最好控制在10~15分钟。

（3）会议纪律

部门/车间是企业中的最小单位，也是企业组织的基本单位。会议纪律必须要严格，不能迟到、嬉闹、交头接耳，队伍队形要整顿好，可以参考军训的要求站军姿，体现出企业的精气神。

（4）会议主要内容

首先，总结昨日工作，通报昨日工作纪律、业务/生产情况、发货情况、客户投诉等问题，对前一天表现优异的员工提出表扬，树立优秀员工的榜样，鼓舞士气；其次，传达昨日相关会议的决议与精神，对相关制度、流程进行培训及考核、问答；再次，安排当日工作任务，具体到个人或最小单位，强调当日工作的目标和注意事项；最后，对昨日表现不佳的个人或不良现象提出批评和指导。

（5）与会人员要求

主持班前会的管理者要声音洪亮、态度亲切。班前会气氛要轻松，要懂得鼓励下属。班前会时作业员可以反映问题、积极参与。必要时可以有上司指导、协助及列席。

（6）会议准备

会前准备是保证会议有效的核心。很多企业召开班前会完全依靠管理人员的临场发挥，但基层管理人员大都不是管理专业科班出身，也不具备很深的演讲功底，因而就需要充分做好会前准备，准备好讲话内容等。

朗欧的老师去企业推行班前会管理制度的时候有一个核心的表单，就是班前会台账，要求管理人员前一天下班前按照要求将台账填写好，第二天班前会就有本可依了。

班前会看似是一个小动作，但如果能够真正发挥出功能，将会给企业团队带来无限的好处。各企业一定要重视部门/车间班前会，让迫切地希望被了解、被尊重、被培养的一线员工能够在团队中快速成长，在部门/车间班前会上找到一个属于自己的舞台。（班前会台账、生产车间班前会动作流程卡范本见本章附件）

2. 生产协调会

生产协调会又叫生产调度会。在异常频发的中小企业，每天需要下达生产计划，通报生产异常，协调各类问题，因而必须召开生产协调会。每天有效召开生产协调会，是企业生产正常化的保障。

开好生产协调会，有助于将各部门的目光充分集中到生产任务上来，确保各部门每天的工作围绕着具体的生产任务展开；开好生产协调会，有助于统一声音，将具体的问题在会议上暴露出来，有利于各部门之间的协调沟通；开好生产协调会，有助于打造一支高效、务实的团队。

开好生产协调会，需要注意以下几点：

（1）会议频率

生产协调会应保证每天召开一次。只要工厂在开展生产，就必须要召开生产协调会。生产管理需要高频率的工作，需要每天不断地下达任务、协调异常、跟进进度。很多管理者觉得生产没有问题就没必要召开生产协调会，或者认为生产协调会作用不大，因而不愿意召开，这是错误的。

（2）会议时间

会议时间一般控制在30分钟以内。企业刚开始实行生产协调会制度的时候，会议时间可以稍长，但常规召开以后，会议时间必须控制在30分钟以内。要想控制好时间，就必须得有明确的会议议程，并且严格按照会议议程进行。（生产协调会会议议程范本见本章附件）

（3）会议纪律

稽查部人员需要参与，与会人员严格按照会议议程控制发言时间和发言内容，并遵守会议管理制度。严明的会议纪律是打造一个好团队最好的武器，也是最简单而最有效的改造员工习性的方式。

（4）会议主要内容

第一项，通报前一日的生产协调会会议决议完成情况；

第二项，组织各部门对生产计划、物料计划的准确性与合理性进行评审；

第三项，各车间负责人汇报前一日的生产异常及日计划达成情况，并提出需要其他部门协助的事项；

第四项，采购部汇报物料进度及跟进情况；

第五项，品质部汇报前一日来料、制程、成品的品质状况；

第六项，技术部通报车间工艺操作及生产技术工作进展情况；

第七项，PMC 部对前一日各车间生产计划达成情况进行考核通报。

各企业视行业、要求不同，可以根据实际情况对会议议程进行增减。

（5）与会人员要求

生产协调会由 PMC 部主持，各生产相关部门参与，生产部总负责人必须到场，老板视企业实际情况选择性参与。

（6）会议准备

各部门在生产协调会召开之前，一定要明确开会时需要汇报的内容，且要用数据说话，要有理有据，并根据实际情况填写各部门的生产协调会汇报表，以保证生产协调会的高效召开。（生产协调会汇报表范本见本章附件）

（7）会议决议

必须要形成有效的会议决议。生产协调会要安排专人进行会议记录，会议结束时由会议记录人通报确认会议决议并在结束以后将会议记录分发给各与会人员，便于稽查部跟进。

3. 管理周例会

管理周例会，也可以被称为“管理变革周例会”，是在朗欧企管提供咨询期间，整个管理变革中最核心的会议，也是朗欧的老师离开企业以后，企业方必须要坚持召开的会议。周例会是企业每周不可缺少的重点工作。然而，如何高效、实用、真实地召开会议，是很多企业面临的难点。

召开管理周例会，可以提供一个各部门展示和比拼工作业绩的平台，让重大事情呈现于阳光之下；可以让管理团队养成用数据说话的习惯；可以树立公司制度流程的权威；可以让老板、高管了解到具体的事情和问题。

召开管理周例会，有助于培养一支企业的核心团队。在会上，各管理人员对上周（上一阶段）本部门的工作进行小结，并对下周（下一阶段）工作进行预先计划，可以提高管理人员的总结和计划能力，长此以往形成良好的工作习惯。

召开管理周例会需要注意以下几项内容：

（1）会议频率

必须保证每周一次。管理周例会是各部门总结上周工作，制定下周的工作计划和周目标的主要战场。

（2）会议时间

会议时间一般控制在两个小时以内，根据企业规模的不同可以进行适当调整。因为周例会时间比较长，且各部门人员都要到齐并集中注意力，建议企业每周选一天晚上组织召开。

（3）会议纪律

需要稽查部人员参与，各与会人员严格按照会议议程控制发言时间和发言内容，并遵守会议管理制度。稽查人员需要依据议程，严格控制每个人的发言时间，改变之前开会“言而不决”的习惯。

（4）会议主要内容

第一项，由稽查部通报上周各部门周任务书执行情况；制作稽查战报，通报上周各项会议决议、制度、流程执行情况；通报上周发现的各部门的问题及工作亮点；通报上周各部门的执行率排名并进行现场正负激励；通报各项目专项稽查执行情况；

第二项，各部门上周的专项改善情况汇报；

第三项，各部门负责人以数据的形式汇报上周工作目标任务的完成情况，陈述下周的工作计划，提出需要支持及改善的相关情况等；

第四项，下达下周的管理变革任务书。

（5）与会人员要求

由总经理主持，各部门负责人参与。周例会非特殊紧急情况，各部门负责人和总经理必须参加。根据企业规模不同，可组织主管级以上人员参与或中基层管理者旁听。

（6）会议准备

各部门负责人做好述职幻灯片或述职表单，幻灯片或表单必须包括以下内容：

①上周工作计划完成情况；

②上周本部门关键数据指标计划完成情况；如未完成，如实分析未完成原因并提出改善措施；

③下周工作计划及下周本部门关键数据指标计划；

④重点改善项目完成情况；

⑤上周任务书完成情况。

(7) 会议决议

管理周例会必须要形成有效的会议决议。要安排专人进行会议记录，会议结束时由会议记录人通报会议决议并在会议结束以后，将会议记录分发给各与会人员，便于稽查跟进。

(8) 管理变革周例会召开的要点

①各部门关键数据指标要由横向部门来进行统计，不得由本部门进行统计，如下表：

表 4-1 各部门关键指标统计示意表

被评部门	评估数据	横向统计部门	统计方式
PMC 部	订单准交率	业务部	1. 业务部向 PMC 部下达周生产任务和三天出货计划，计划部则根据周生产任务和三天出货计划编制生产部的周计划和三日滚动计划，由计划员拿单时反馈此计划交期，销售部用该交货期考核 PMC 部门； 2. 订单准交率按批次统计
	仓库账物卡准确率	财务部	1. 财务部同稽查中心每个星期组织一次对仓库实物的抽查盘点； 2. 计算方式：(账面数据 - 盘点数据) ÷ 账面数据 × 100% = 准确率
	备料不及时次数	生产部	按计划订单生产时没有物料或物料没有备齐的，算一次
插头车间	月/周总产值	PMC 部	每月/周插头车间生产出来的产品数量 × 单价 = 总产值
	月/周人均产值	PMC 部	总产值 ÷ 车间生产人数 = 人均产值
	一次交检合格率	品质部	合格总数量 ÷ 总检验数量 × 100% = 合格率

②制定周数据提报录入流程卡，规范数据收集录入流程，确保周例会上数据的真实性。(管理变革数据周小结动作流程卡范本见本章附件)

③周例会，企业老板或总经理必须亲自参与，要让高层了解每周具体的重点工作；

④各部门制定下周的工作计划和未达成目标的改善措施时，要避免“加强、注意、重点跟进”等概念性话语，必须有“谁”“什么时间”“做什么具体动作”这三个要素，否则不能算做一个合格的计划或改善措施；

⑤**高层必须在会议开始之前提前阅读各个部门的工作汇报**，以便在会议过程中进行有针对性的点评，而不是临场发挥；

⑥召开管理周例会时，**既要有表扬，也要有批评**，一个召开得好的周例会要懂得树立榜样、抓出典型；

⑦老板/总经理要在每个管理人员汇报完成后一对一地进行有针对性的点评，而不是等所有人汇报完成后一起点评；

⑧对问题进行原因分析时只能分析自己的原因，特别是在前期。这项规定虽然有点苛刻，但确实能够快速改正从别人身上找原因的习惯；

⑨会前要准备好会议上正负激励所需的红旗、黄旗、资金等物资。

会场，为工厂各部门有效沟通提供了一个很好的场地，当企业会议不能有效召开时，就会出现议而不决、决而不行、行而无果的现象，就是在浪费时间。如果每个会议都能有效召开，会议就会成为精细化管理的一个很好的工具。会议制度推行前期可能会觉得会议多、时间长，但当流程管理等各方面完善以后，会议时间会大大缩短，就能够更高效地指导工作。当然在生产管理中，还有每天工序之间的对单会；成立稽查部之后，还会有每天的稽查会、每周的稽查周例会。这些会议都是提升管理水平、打造高效团队的有效工具，希望企业能开好并且利用好每次会议。

管理需要将复杂的事情简单化

朗欧企管曾经辅导了一家安徽芜湖的制造空调电源线的企业。当时发生了这样一件事：制作电源线的插头需要先焊接，焊接好以后进行注塑。注塑机是需要模具的，不同的电源线需要不同的模具，每一套模具里面又有很多个模芯。由于模具有很多种类、很多型号，公司为了方便管理，便建立了一个模具仓库，并配备了一名模具管理员。

模具管理员的工作就是根据生产计划提前进行模具的准备，并按照订单发放配套的模具给各条生产线。模具管理员由生产部门内部管理，每月工资4500元。在某个发薪日的第二天，这名模具管理员突然请假了。当时，有一款产品配备的模具里面少了一个模芯。少一个模芯，意味着当天的计划不能按时完成，而只有这名模具管理员才知道这个模芯的确切存放地点。

最后了解到的原因是这名模具管理员希望公司给他涨500元工资，但是按照个人工作业绩和公司薪酬体系，这名管理员并未达到涨薪要求，因此他就故意地、情绪化地请假了，结果这个订单硬生生地被延期了一天。当天晚上这名模具管理员还给他的主管打了一个电话，表面是了解模具状况，但从主管这里得到涨薪需求的否定答案以后，第二天他还是没有来上班，又打电话请假说，家里有非常重要的事没有处理完。第二天我要求所有相关的管理人员一起找那个模芯，结果在他的办公室的抽屉里面找到了。

对于工厂来讲这是一个非常典型的案例，朗欧企管的老师在给企业做管理咨询的过程当中经常会遇到这种“软对抗”。当时我了解到这个情况以后，立即要求严格按照公司的考勤制度对这名模具管理员进行处理。一个企业必须树立制度的权威，否则将败坏整个企业的风气。

这件事情当时对我触动很大，一家 700 多人的企业就这样被一名模具管理员“绑架”了。其实这名模具管理员的用意很简单：请两天假让公司知道他的重要性，让公司明白没有他是不行的，证明他的稀缺性，从而达到加薪的目的。

很多企业在面临这样的问题的时候，选择了妥协，有的老板甚至会私下做思想工作或以红包或以差异化年终奖的形式进行调节，让这些有经验的人不离职。

但站在管理的角度来看，这不是一个加工资的问题。有了这样一个先例，很多人都会效仿，到最后企业中就会形成这样一股风气。但老板也不要认为这是一件坏事，这其实是一件好事。出现问题后企业可以从多方面来进行反思，是薪酬制度真的不合理，还是管理方面有问题？静下心来总结就会发现，这与企业的管理体制不健全有很大的关系。

中小私企并不都处在高新科技产业，为什么企业还这么依赖员工的个人经验呢？**企业的员工都在无形当中做一种转化，就是将操作性的工作转化成技术性的工作，以体现自己的“价值”**。

从上述案例中就可以看出，本来分发模具是一件操作性的工作，但是那名管理员将模芯抽出来放在自己的抽屉里，就将分发模具的工作变成了一个“技术活”，变成了一个对经验有很高要求的工作了，因为只有他能够找得到这个模芯。

这件事情发生以后，朗欧企管驻厂老师迅速组织相关人员成立了改善小组，对模具房的管理体制进行改善，具体如下：

第一，所有的模具在生产时统一用钢印打在模具上进行编号，每套模具的模芯上面也进行编号，并且将编号录入 ERP 系统，制令单上就会显示相应的模具号；

第二，制作模具放置架，将所有的模具都上架、定点放置，模具架及模具上都要有相应的标识，注明名称、适用产品、型号等信息；

第三，所有上架的模具必须是配套的，并且在每次生产前和生产后都要进行配套性和质量的检查；

第四，每天不同的车间主管形成轮流抽查制度，在模具房整理好以后，要求从车间随机抽取的不懂模具的普通员工也能够在 1 分钟内找到对应单号的模具；

第五，推行模具管理员考核制度，将停线时间、模具的使用周期、备模准确率与其收入挂钩。

重点推行这五项工作一个星期以后，再也没有出现因为模具发放不及时而导致生产线停线的情况，也再没有听说这名模具员“请假”了，因为就算请假，企业中的任意一个人都可以顶岗来准备模具、发放模具。

这也不是一个模具管理员不配合管理的问题，因为企业的核心职能是建立一套培养人才的机制，就像丰田公司里面讲，“我们不生产汽车，我们只培养生产汽车的人”。作为企业管理者，作为企业老板，要多从管理机制上入手，用管理机制替代道德评价。

所以，在企业里面遇到问题并不可怕，可怕的是不去解决，不去从管理机制上想办法进行预防。这也是很多老板要注意的问题，不能图省事，要多从管理机制上入手，向管理要效益。

附件

附件 4－1　客户订单评审表（范本）

□初次评审　　　　　　　　　　　　　　　　　　　　　　No：

□修订　第　次（原 No：　　　　）　　　　　　　　　　评审日期：

订单编号		客户名称		PO 受注日	
交货日期		交货方式		交货地点	

No	产品名称	产品规格	颜色	单位	数量	备注
1						
2						

客户要求说明（销售部填写）	
质量要求	
工艺要求	
注意事项	
其他特殊要求	
□自购料　□客供料提供时间　□客供图纸/资料完全提供时间	

评审单位	评审内容	评审意见	负责人签名
财务部	定金/货款是否到账		
PMC 部	生产图纸/料单是否充分、准确和完整		
	生产能力是否能满足货期要求		
	所欠主要物料		
生产部	是否能满足订单交期要求		
技术部	BOM 表绘制完成时间		
	客供 BOM 表是否充分、准确和完整		
	技术的问题是否解决		
	工艺及品质是否能达到客户要求		
品质部	品质是否能达到要求		

PMC 评审意见：	
	签名：
最终裁定意见	□同意上述结论
	□其他意见：
	签名：

附件4－2　班前会台账（范本）

×××有限公司

班前会台账

部门：　　　　　　　　　　　　　主持人：　　　　日期：　　　年　　月　　日

1. 班前会基本动作

①集合完成后口令“稍息、立正、向右看齐、向前看、跨立”等队列动作；

②主持人向全体员工大声问候“早上好”（员工也要大声回应“早上好”）；

③问候完成后点名并通报统计人员到会情况；

④今日应到　　　人，实到　　　人，迟到　　　人，请假　　　人，旷工　　　人

2. 总结昨日工作，通报昨日工作纪律、业务/生产情况、发货情况、客户投诉等问题，对前一天表现优异的员工提出表扬，树立优秀员工的榜样，鼓舞士气

3. 传达相关会议决议与精神，相关制度/流程的培训/考试（问答）

4. 当日工作任务安排（具体到个人），强调当日工作的注意事项

5. 出入车间/生产的安全意识宣导等其他事项

备注：1. 每日班前会时间为7:55～8:10。

2. 此台账由部门主管在班前会前填写完整，并在班前会上进行宣导后于12:00前上交分管领导

附件 4－3　生产车间班前会动作流程卡（范本）

<table>
<tr><td rowspan="3">企业 LOGO</td><td rowspan="3">×××有限公司</td><td>文件编号</td><td></td></tr>
<tr><td>文件版本</td><td></td></tr>
<tr><td>出文部门</td><td></td></tr>
<tr><td colspan="2" rowspan="2">生产车间班前会动作流程卡</td><td>生效日期</td><td></td></tr>
<tr><td>页　次</td><td></td></tr>
<tr><td>目的</td><td>执行标准</td><td>制约</td><td>责任</td></tr>
<tr><td>传播公司的企业文化，改变下属的思想、行为与观念，让员工养成“执行”的习惯</td><td>1. 班前会要分班/组进行，由班长或组长主持，每日班前会时间为上班时间前 5～10 分钟，不超过 15 分钟（人员到齐可提前开始）；
2. 班前会要结合班前会台账进行且要在会前填写好；
3. 班前会的具体动作如下：
3.1 整理队伍：“立正”“向右看齐”“向前看”“稍息”；
3.2 主持人向大家问好：“××公司的各位同事，大家早上/晚上好！”所有与会人员大声回应：“早上/晚上好！”；
3.3 前一日生产总结：通报前一日生产纪律、产量、现场、品质的不足和表扬前一天的优秀员工，树立优秀员工的榜样（任务完成情况要明确到数据，品质异常问题要明确具体的异常点）；
3.4 当日生产任务安排（具体到班组及个人的任务）；
3.5 强调当日加工产品的难易控制点（产品结构、加工质量、材料特性、工艺要求等）；
3.6 相关作业标准书和流程卡宣导与 5S 安全文明生产及消防意识宣导，表扬优秀事迹和批评不良作风；
3.7 传达公司与部门的会议决议与精神；
3.8 主持人宣布“散会”，与会人员鼓掌结束并立即回到各自的岗位上</td><td>1. 主持人及参会人员对迟到人员进行监督；
2. 车间主任每日对开班前会状况进行监督；
3. 生产部长和稽查中心不定期检查班前会的执行情况</td><td>1. 班前会迟到的，每分钟乐捐 2 元；
2. 主持人未按班前会规定标准执行的，乐捐 2 元/项；
3. 每天未执行班前会的，班长乐捐 10 元；
4. 其他违规行为，按会议管理制度进行处罚</td></tr>
</table>

会签：

附件4－4　企业生产协调会会议议程（范本）

×××家具实业有限公司

生产协调会会议议程

一、会议名称：生产协调会

二、目的：掌握每日生产异常信息并及时协调解决，促进各生产车间生产计划的有效达成，保证品质及出货要求

三、时间：每周一至周六　9:00～9:30

四、地点：生产部会议室

五、主持人：×××总监　　　会议记录人：×××

六、参会人员：计划组、物控组、生产部（包括各车间）、品质部、采购部等（其他部门根据需要临时通知）

七、会议进程

序号	时　　间	时长（分钟）	发言人	内　　容	备注
1	9:00～9:02	2	记录人	汇报会议人员到会情况及会议纪律	
2	9:02～9:04	2	主持人	追踪前一天会议决议完成情况	
3	9:04～9:07	3	×××	木工车间汇报前一日的生产异常及计划达成情况，并提出需要其他部门协助事项	
4	9:07～9:10	3	×××	白坯车间汇报前一日的生产异常及计划达成情况，并提出需要其他部门协助事项	
5	9:10～9:13	3	×××	油磨车间汇报前一日的生产异常及计划达成情况，并提出需要其他部门协助事项	
6	9:13～9:16	3	×××	面漆车间汇报前一日的生产异常及计划达成情况，并提出需要其他部门协助事项	
7	9:16～9:19	3	×××	安包装车间汇报前一日的生产异常及计划达成情况，并提出需要其他部门协助事项	
8	9:19～9:21	2	×××	采购部汇报物料进度及跟进情况	
9	9:21～9:23	2	×××	品质部汇报前一日来料、制程、成品的品质状况	
10	9:23～9:25	2	主持人	主持人做异常通报及会议总结发言	
11	9:25～9:28	3	朗欧老师	朗欧老师做总结发言	
12	9:28～9:30	3	记录人/主持人	会议记录人宣布会议决议并宣布会议结束	

附件 4－5 生产协调会汇报表（生产部）（范本）

部门：　　　　　　　　　　　　汇报人：　　　　　　　　　　时间：

生产计划未达成情况				
订单	型号	颜色	计划量	完成量
生产计划未达成原因分析及改善对策				

欠料情况								
订单	型号	颜色	欠料名称	规格	数量	要求到位时间	责任人	承诺完成时间

需要相关部门解决问题		
问题描述	相关责任人	承诺完成时间
标准：1. 每天 12:00 前将此表电子版交 PMC 部计划员处； 2. 所有栏目必须填写，需要相关部门解决的问题必须找到相关责任人签字并承诺完成时间		
制约：PMC 部和稽查中心对上述作业进行监督和稽查		
责任：不按规定操作，责任人乐捐 2 元/次		

附件 4－6　生产协调会汇报表（其他部门）（范本）

部门：　　　　　　　　　　　　　　汇报人：　　　　　　　　　　　　　　时间：

数据汇报
数据异常原因分析及改善对策

昨日未完成任务情况及原因分析、改善对策	今日计划	
需要相关部门解决问题		
问题描述	相关责任人	承诺完成时间
标准：1. 每天 12:00 前将此表电子版交 PMC 部计划员处； 2. 所有栏目必须填写，需要相关部门解决的问题必须找到相关责任人签字并承诺完成时间		
制约：PMC 部和稽查中心对上述作业进行监督和稽查		
责任：不按规定操作，责任人乐捐 2 元/次		

附件4－7 企业生产协调会管理制度（范本）

×××家具实业有限公司

文件编号		
生产协调会管理制度	文件版本	
	生效日期	
	页　　码	

1. 目的

规范生产协调会运作，确保生产正常、顺利进行，从而满足客户需求。

2. 适用范围

主要解决生产异常、物料异常、品质异常等问题。

3. 职责

3.1 PMC部

3.1.1 组织、主导生产协调会的召开，并维持会议秩序；

3.1.2 会议中的生产计划、物料计划、生产计划达成率、采购准交率、产能分析、专题案例分析、生产进度控制的各类表单等相关会议准备资料（电子表格）的提供；

3.1.3 组织各部门对生产计划、物料计划的准确性、合理性作评审；

3.1.4 负责生产进度的调整，并协调处理生产过程中的问题；

3.1.5 主导追溯分析前一天生产计划未达成、采购物料未达成等情况；

3.1.6 主导检查确认当天产前准备情况，对相关问题现场展开讨论、处理并形成会议决议；

3.1.7 主导追溯责任部门对相关问题的改善措施及完成时间等；

3.1.8 会议决议事项的检查、跟进、协调、落实。

3.2 生产部（木工车间、白坯车间、油磨车间、面漆车间、安包装车间）

3.2.1 总结分析生产进度，追溯前一天各车间/组生产计划未达成的原因，并提出改善补救措施及完成时间；

3.2.2 分析当前人员、设备、技术、品质、环境、物料、生产进度等可否满足当天的生产计划，统计不能满足的生产计划项，在生产协调会中提出并寻求相关部门支持，由PMC部协调并确定计划的可执行性；

3.2.3 依生产计划进度，提出机台、生产线等处的异常信息及改善措施；

3.2.4 解决紧急的物料需求；

3.2.5 汇报物料的领发、使用异常情况；

3.2.6 依生产计划预计完成日期提出需协助的事项。

3.3 品质部

3.3.1 依生产计划进度，提出来料中品质方面的特殊要求及异常；

3. 3. 2 依生产计划进度，提出制程中品质方面的特殊要求及异常，并提出生产改善建议等；

3. 3. 3 提报成品/发货品质异常、客户对品质方面的要求等。

3. 4 采购部

3. 4. 1 依采购明细跟踪表，提出物料采购方面的异常及完成时间。

3. 5 稽查中心

3. 5. 1 对生产协调会会议现场进行稽查；

3. 5. 2 对生产协调会形成的会议决议进行稽查。

3. 6 营销中心

3. 6. 1 营销中心可列席会议并就提出的相关问题现场展开讨论、处理并形成会议决议。

3. 7 技术部

3. 7. 1 技术部可列席会议，依生产计划进度，提出相关技术及工艺要求，并提出工艺改善动作；

3. 7. 2 各生产过程中的工艺异常提报。

4. 会议议程

4. 1 每期生产协调会，稽查中心需安排人员监督会议过程

4. 2 会议时间：每天 09:00 ~09:30

4. 3 会议地点：生产部会议室（如遇特殊情况由 PMC 部另行通知）

4. 4 会议参加人员

4. 4. 1 必须参加部门及人员：制造中心、PMC 部、生产部（经理、副经理、主管、副主管）、品质部、采购部、机修组、稽查中心、仓库；

4. 4. 2 视需要参加部门：营销中心（外贸部、销售部）、技术部；

4. 4. 3 视需要参加部门、相关人员由 PMC 部通知或部门负责人向 PMC 部经理会前半小时提出申请。

4. 5 生产协调会会议议程安排

4. 5. 1 参会人员必须在 9:00 前将生产协调会所需资料准备好（PMC 部须将会议所需电子版资料会前以投影的方式准备好）；

4. 5. 2 参会人员首先在会议通知签到表上签到，然后按照生产协调会座次表的位置顺序坐好，会议记录人通报会议签到状况，主持人宣布会议开始；

4. 5. 3 主持人落实上次会议决议执行状况；

4. 5. 4 PMC 部计划组通报前一天生产进度情况、计划达成状况、异常情况；

4. 5. 5 PMC 部物控组汇报物料需求计划达成状况、物料总体状况、异常情况；

4. 5. 6 生产部（木工车间、白坯车间、油磨车间、面漆车间、安包装车间）汇报前一天生产达成状况及提出需要相关部门支持事项，由 PMC 部协调，其他相关部门支持解决并形成会议决议；

4. 5. 7 品质部通报来料异常、制程异常、成品异常及客户对品质的要求等，由PMC部协调，其他相关部门支持解决并形成会议决议；

4. 5. 8 采购部汇报无法按物料需求计划交期完成采购的物料并提出解决措施及完成时间，形成会议决议；

4. 5. 9 技术部通报工艺技术的异常处理等相关事项，由PMC部协调，其他相关部门支持解决并形成会议决议；

4. 5. 10 营销中心通报客户要求、订单变更等异常事项，由PMC部协调，其他相关部门支持解决并形成会议决议；

4. 5. 11 其他与会人员发言，视内容由主持人决定是否形成会议决议；

4. 5. 12 记录人宣布本次会议所有与会人员认可的决议；

4. 5. 13 会议记录人宣布本次会议违规状况，主持人宣布会议结束；

4. 5. 14 会议记录人每周一11:30前汇总上周生产协调会决议及执行状况并上报稽查中心。

5. 会议纪律

参照《会议管理制度》执行。

6. 管理约定

6. 1 各部门未依本流程提报的，会议主持人要求责任人乐捐10元/项；

6. 2 PMC部未及时通报生产状况、物料状况的，部门负责人乐捐10元/次；

6. 3 违反管理约定中6. 1～6. 2及会议管理制度以外规定事项的，每项乐捐10元/次。

7. 相关使用表单

会议通知签到表、会议记录表、生产协调会座次表。

附件4-8　企业管理变革周例会议程（范本）

×××电子有限公司
管理变革周例会议程

一、会议名称：第十八次管理变革周例会

二、目的：管理变革工作和部门工作汇报与小结，改善工作，改变作风

三、时间：20××年×月20日19:00～20:32（92分钟）

四、地点：×××公司多媒体室

五、主持人：总经理、朗欧老师　　　记录人：×××

六、参会人员：管理变革领导小组成员、稽查中心代表及朗欧专家老师

七、会议进程：

序号	时　间	时长分钟	发言人	内　　容	备注
1	18:58～19:00	2	×××	确认签到记录，通报缺席情况，强调会议纪律并介绍会议议程	
2	19:01～19:04	3	×××	全体起立，合唱《众人划桨开大船》	
3	19:05～19:15	10	×××	1. 上周各车间5S稽查情况通报 2. 上周管理变革任务书执行情况通报 3. 上周稽查战报通报 4. 上周周小结行动措施执行情况通报	
4	19:16～19:19	3	×××	电线车间工艺改善攻关总结	
5	19:20～19:23	3	×××	线束车间周工艺改善攻关总结	
6	19:23～19:26	3	×××	插头车间周工艺改善攻关总结	
7	19:27～20:04	37	×总、朗欧老师	各部门/车间管理变革周小结，朗欧老师和总经理适时点评	
8	20:05～20:13	8	×总	总结发言	
9	20:14～20:19	5	朗欧老师	项目组老师发言	
10	20:20～20:24	4	×××	宣读管理变革任务书	
11	20:25～20:29	4	×××	会议决议事项通报确认	
12	20:30～20:32	2	×××	稽查副主任报告会议纪律情况	
13	20:33～20:34	1	×××	宣布会议圆满结束，参会人员有秩序离场	

备注：各项议程不得超时，超时由稽查专员提醒，超时10分钟以内，乐捐10元；超时10分钟以上的，按每分钟2元乐捐。

总经理：

20××年××月20日

附件 4－9　管理变革数据周小结动作流程卡（范本）

<table>
<tr><td rowspan="3">企业 LOGO</td><td rowspan="3">×××有限公司</td><td>文件编号</td><td></td></tr>
<tr><td>文件版本</td><td></td></tr>
<tr><td>出文部门</td><td></td></tr>
<tr><td colspan="2" rowspan="2">管理变革数据周小结动作流程卡</td><td>生效日期</td><td></td></tr>
<tr><td>页　次</td><td></td></tr>
</table>

<table>
<tr><th>卡点</th><th>操作流程</th><th>项</th><th>流程要点</th></tr>
<tr><td rowspan="3">流程各部门管理变革承诺数据的提交时间</td><td rowspan="3">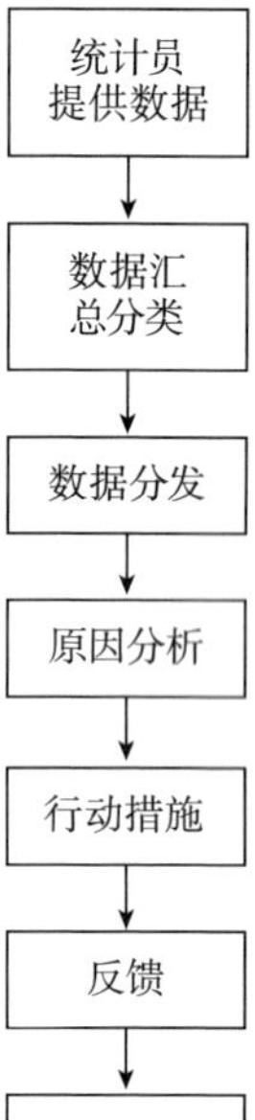
</td><td>标准</td><td>1. 各项考核数据由相应部门统计员于每周一中午 12：00 前将统计实际值通过邮件提供给人事行政部文控（统计员因故请假，需委托他人代理完成）；统计的数值要将产生数值的缘由事项填写在原因分析中，一并提交给人事行政部文控；
2. 文控将各项实际值汇总在管理变革目标周小结表上并在周一下午 5 点前将各部门/车间的考核项值回发至各责任人；
3. 各责任部门负责人及车间主任对数据未达标项做原因分析并写出后期行动措施、执行时间并做出下周承诺；
4. 各责任部门负责人及车间主任在周二中午 12 点前将本部门原因分析、行动措施及下周承诺值通过邮件发送人事行政部文控；
5. 各车间负责人将制作好的车间小攻关方案于每周二中午 12 点前提交人事行政部文控；
6. 管理变革例会主持人于每周二中午 12 点前将下周管理变革任务书通过邮件发送人事行政部文控；
7. 稽查中心将每周稽查战报、稽查任务书完成情况、会议决议执行情况和各车间 5S 评比情况整理好，于每周二中午 12 点前通过邮件提交人事行政部文控；
8. 文控将收到的各部门承诺数据和行动措施汇总到管理变革承诺目标周小结中，将各部门提交的资料整理汇总，并根据提交的资料制定会议议程表，同各项资料一起于周二下午 4 点前提交管理变革例会主持人，以备管理变革例会上使用；
9. 以上所有事项，相应负责人不在的情况下，需指定代理人完成；代理人未完成的，追究代理人与相关负责人的责任
注：行动措施须有明确的执行人、执行时间、动作（即怎么做）</td></tr>
<tr><td>制约</td><td>1. 人事行政部按流程制约各统计员准时提交相关考核数据；
2. 各部门负责人及车间主任制约人事行政部文控按时回馈各项管理数据；
3. 人事行政部按流程制约各部门按时回传原因分析和行动措施，并检查是否有执行时间和下周承诺；人事行政部制约各部门是否按时间要求提交资料和数据；
4. 人事行政部按流程制约例会主持人是否按时提交下周管理变革任务书；
5. 管理变革例会主持人制约管理变革目标周小结和会议议程是否按时完成并无误；
6. 稽查中心随时抽查各项指标内容</td></tr>
<tr><td>责任</td><td>1. 各数据统计员未按时提供考核数据，乐捐 5 元/次；
2. 人事行政部文控未按时将管理变革目标周小结数据分发至各责任部门，乐捐 5 元/次；
3. 各责任部门未按时反馈原因分析、行动措施和执行时间、下周承诺，乐捐 5 元/次；
4. 各部门未按时提交数据和相关内容的，乐捐 5 元/次；
5. 例会主持人未按时提交下周管理变革任务书，乐捐 5 元/次；
6. 人事行政部文控会前未准备好管理变革目标周小结或准备的数据有误的，乐捐 5 元/次</td></tr>
</table>

| 第五章 |

如何做好团队的绩效管理

作为企业管理者和经营者，首先要树立的是绩效管理的概念，而不是绩效考核的概念。

企业管理者得为下属、职员工考虑他们的职业晋升通道。

员工创客化、企业平台化、客户个性化是未来企业拥有持续竞争力的关键。

持续地学习是企业的根本优势所在，所以企业内部要有一个持续学习的“道场”。

假数据是公司的“高压线”，数据作假不仅仅是一个管理问题，还会破坏企业诚信的文化。

合理的运作流程和岗位职责是实施薪酬福利改革的基础；从实际出发、公平公开的评价原则是薪酬福利改革、绩效考核成功的保障。

绩效管理不止于绩效考核

1. 绩效管理包含但不局限于绩效考核

所谓绩效管理，是指各级管理者和员工为了达到组织目标共同参与的绩效计划制定、绩效辅导沟通、绩效考核评价、绩效结果应用、绩效目标提升的持续循环过程，绩效管理的目的是持续提升个人、部门和组织的绩效。

绩效考核（Performance Examine），是企业绩效管理中的一个环节，是指考核主体对照工作目标和绩效标准，采用科学的考核方式，评定员工的工作任务完成情况、员工的工作职责履行程度和员工的发展情况，并且将评定结果反馈给员工的过程。常见绩效考核方法包括 BSC（Balanced Score Card，平衡记分卡）、KPI（Key Performance Indicators，关键绩效指标）及 360 度考核等。绩效考核是一项系统工程。绩效考核是绩效管理过程中的一种手段。（以上释义来源于百度百科）

从上面的释义不难看出，绩效管理和绩效考核有着工作内容、范围等方面的不同。绩效管理包含绩效考核但不局限于绩效考核，绩效考核是绩效管理的一个非常重要的环节。

作为企业管理者和经营者，首先要树立的是绩效管理的概念，而不是绩效考核的概念。绩效管理包括前期的组织目标设定、经营目标分析和制定等工作，是一家企业从顶层设计到绩效评估的系统性的工作。而这个过程中需要企业整个管理团队提高专业性和管理水平。

想简单地通过绩效考核，给每个管理人员头上挂几个指标，单纯通过改变员工的收益来做管理，无疑是懒汉管理思想呈现出来的一种粗暴的管理方式，这不是精细化管理所提倡的。如果管理者只把目光盯在绩效考核上，就会偏离绩效管理的核心，导致绩效管理目标方向的迷失，起不到提升员工绩效的作用，也解决不了职责不清、管理混乱的局面，反而可能会造成员工与公司的对立和员工对公司的不信任。

2. 绩效管理需要高层挂帅，全员参与，共同完成

绩效管理贯穿着企业的整个经营和管理，是由内而外激发员工的一种动力机制的设计，其目的在于保证企业的组织活力，解决企业规模而不经济、大而不盈利的问题。很多企业管理者错误地认为绩效管理、绩效考核是人力资源部的工作，所以企业老板、高管往往只做一些关于实施绩效管理的指示，再审核一下方案，最后却招致一大堆抱怨。

人力资源部对绩效管理的有效实施的确负有责任，但绩效管理也不全是人力资源部的责任，**在实施绩效管理或是绩效考核的过程中，人力资源部扮演的只是流程的制定者和制度的实施者的角色。**但真正论起核心规则与具体流程数据值的确定，人力资源部其实并没有那么专业。因此，绩效管理是一个需要全员参与的事情，也是

一个“一把手工程”。

特别是对于中小企业来说，老板才是这个企业真正的人力资源总监，所有的管理者都应当是一名合格的人力资源专员。绩效管理需要高层挂帅，树立观念，全员参与，共同完成。

3. 团队打造的误区

绩效管理的目的是让全体职员工树立起共同的目标并通过系统的业绩评估和评价打造和保持企业组织的活力，而活力背后的核心是团队的打造。一提到打造团队，经常会发现以下几个误区：

（1）通过统一思想来统一行动

一谈到打造团队，管理者首先想到的是如何统一团队的思想，怎么通过思想的统一来指导团队员工的行动。从哲学上来讲，物质决定意识，意识反作用于物质，如此看来通过统一思想来打造团队的做法似乎行得通。于是，很多企业大搞培训、潜训，而培训、潜训给员工们留下的印象大都是“鼓掌进来、鼓掌出去，现场热血沸腾，三天后一切照旧”，这种试图统一思想的方式几乎很难改变员工的行动。因为每一个人都有每一个人的思想，企业里面有一百个人、一千个人，就会有一百种想法、一千种想法。

那应该怎么做呢？**应该通过统一行动来塑造思想**。

举个大家熟知的例子，新兵进入军队后，前三个月的训练就是班队列：齐步走、正步走……战场上谁都不会用这种步伐走路，那军队为什么还要对新兵进行队列训练呢？目的就是通过每天立正、正步走这些简单的动作，在三个月之后，让每个士兵具备听从指挥，遵守纪律，行动统一的思想。

企业里面应当通过绩效管理和基础管理，让员工的行动先统一起来，每天有明确的任务目标、工作计划，并且在团队的努力协作下来完成目标和计划。久而久之，就会形成一种思想、一种文化。

（2）通过人情建立感情，通过感情塑造凝聚力

通过感情来塑造团队的凝聚力，表面上听起来也没有错。礼尚往来，传统企业的管理是会有一些人情世故在里面。但当企业团队只有三五十个人的时候，可以通过感性上的关怀、人际交往中的技巧去产生人情，然后通过人情产生感恩、产生信任，从而认同，然后服从。人际交往能力强的管理者甚至可以用人情建立起的感情来管理一百名左右的员工。

但是，不能错误地认为有感情了，就有凝聚力了，整个团队就打造好了。

事实上，很多老板、企业家在秉着这样的思维管理的时候，是想把感情转化为生产力。这种感情与其说是“感情”，不如说是“企图”。当然，企业中要有感情、有爱，但在企业里面应当倡导的是“大爱”，是为员工和团队的成长、为企业的发展着想的责任感，而不是为了显示“爱”而爱，为了建立“感情”而去投入感情。

当企业规模小的时候，管理也许还能靠感情维持，但是，当企业发展到一定规模以后，在200人、300人、500人、1000人左右的时候，企业管理者的感情还够用吗？人情还能够照顾得那么全面吗？很多人甚至跟老板或其他员工都没见过几回面。那么这时需要的是什么？需要的是流程式的制度化管理、系统的薪酬体系机制和流程化的系统性的绩效管理。

绩效管理的顶层设计思路

绩效管理既然不是简单的绩效考核，那么究竟应当从哪些方面开展呢？根据我为100多家企业提供咨询及自己经营几家企业的心得，我认为在谈绩效管理、绩效考核之前，或者说在做绩效管理之前、在打造团队之前首先得做好以下四个方面的设计：

1. 职业晋升通道的设计

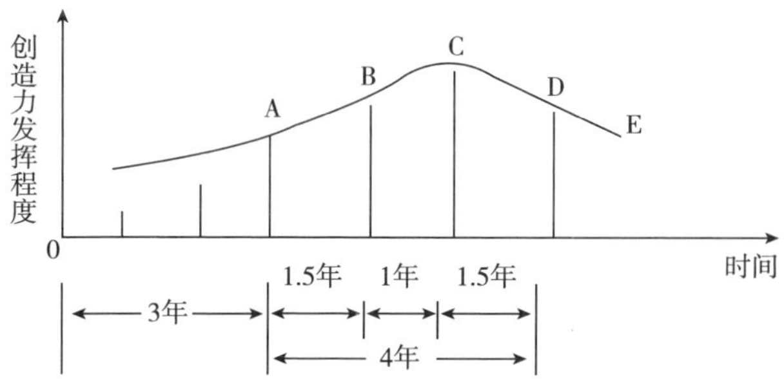

图5－1　创造力曲线示意图

美国著名学者库克（Kuck）曾经提出了“创造力曲线”的概念，他从如何更好地发挥人的创造力的角度，论证了人力资源流动的必要性。他通过研究发现，一个人在一个岗位任职最具创造力的周期是四年。一个人到企业任职后，会经历学习期、发展期、创造期、下滑期这个四个阶段，整个阶段会持续四年的时间。

创造力曲线表明：创造力发挥的最佳时期是图中 B～C 这一阶段，超过了一定年限，雇员的创造力会进入衰减稳定期（D～E 阶段）。这个时候，员工会出现创造力不足的情况。如果不加以改变，就会导致最后企业里面都是“60 分先生”，任何事都生怕做多、做错，安于现状、疲于改变，整个团队就会失去活力。为激发员工的创造力，此时应及时将该岗位上的员工调离、晋升、变换工作岗位和环境，或令其离开企业。

所以在企业里面，管理者需要关注哪一名下属、哪一位员工已经在同一个岗位上一成不变地干了四年，既没有升迁，也没有横向的调动。出现这种现象的原因就是企业没有设计好每一名员工的职业晋升通道。

职业晋升通道的设计是什么？从员工到基层管理者，到中层管理者，再到高层管理者，企业都要明确设计他们的职业发展方向。因为**任何一个人到一个企业工作，都有向上的追求，都需要职业生涯的发展以示对自己的肯定**。报酬只是一方面，更重要的是一种成长性的职业晋升通道。

可能很多老板会说：“我的企业有晋升通道的设计，我的整个组织架构不就是一个职业晋升通道吗？”组织架构图只是一个行政管理架构的示意图，充其量也只能算是某一条晋升通道的一个体现。

企业管理者得为下属、职员工考虑他们的职业晋升通道。每位老板、每位高管都得为职员工考虑三个问题：

第一，这个岗位做好之后，下个岗位让他做什么？

第二，这个岗位做好之后，他会有哪些成长？

第三，每个岗位都做好之后，他会成为什么样的人？

这就是我强调的职业晋升通道的设计。这个设计其实就是人才梯队建设的“梯子”，这个“梯子”一阶一阶、一级一级往上。并且**这个“梯子”的设计原则是上不封顶，是一架“云梯”，只要这名员工有能力，企业就能为他提供无限大的舞台**，职员工能够得到应有的回报，能够得到更广阔的发展空间。

有的人会问：“我的企业是民营企业，下面的员工可以一直晋升，但是，总经理、董事长的位置又不能换人，怎么办呢?”

第一，如果这名员工真的足够优秀，你又未尝不可将这个管理的位置“交”出去呢?像美的集团的何享健将企业交给年轻能干的方洪波一样，企业发展到一定规模、一定阶段，如果有合适的人才，就应当把企业交出去。而且是要真正发自内心地“交”出去，让有能力的人去经营、去管理企业。作为企业家，应当保障的是企业的生命力，而不是个人的欲望。当然，怎么“交”、如何“交”既是一门学问，也是一门艺术。

第二，假设你有足够的精力继续担任企业的董事长、总经理，那么可以采取一些方法让“梯子”变成“云梯”：

（1）可以通过公司业务的发展、规模的扩大来进行职位的升迁、工作的调动；

（2）可以打通产业链上下游，裂变出一些项目，让有能力的人参与投资、做老板，这也会让“梯子”变成“云梯”。这种方式还会有额外的好处。当一名下属跟你工作配合很多年以后，你们之间的信任成本、沟通成本在创业路上会非常低。让核心职员工成为你的股东、成为你的合伙人，无论是对于整个团队还是对于员工个人来说，都是非常有利的。

就像我的公司一样，朗欧企管的咨询老师从最开始进入公司，从项目专员做起，到项目副经理、项目经理、项目总监。当完成这个职业阶段以后，可以在公司成立咨询事业部，并且用最小的投入让老师们占最多的股份；亦可以参与我的实业投资项目，成为原始项目合伙人，成为老板，成为总经理。所以，从我们的咨询老师进入朗欧的第一天起，我就已经为他们设计好了一条职业生涯发展之路，设计好了一架“云梯”，老师只需要全力以赴做好当下的工作，不断学习，快速成长。而且这样的机制设计使个人与公司实现了双赢。

第三，如果公司发展相对稳定，也没有启动更多的业务，这个时候可以实行“轮岗制”，就是平行部门、平级岗位之间互相进行横向调动。轮岗制可以让每个人重回“创造力曲线”，也可以让每名管理者适应不同的工作模块，减少对特定岗位的依赖。

总而言之，对企业团队里面的每一个人，都要从绩效管理的角度为他做好职业晋升通道的设计，为他做好职业规划。如果能给每名员工都做好职业规划，整个组织就会有活力。因为他知道只要能做好工作，就会有发展空间；只要一直能做好，还会有更大的发展空间，那么他就会一直在这个平台上向上发展，并且不会失去创造力，不会失去工作激情。这样会让真正优秀的人、德才兼备的人留下来，同时也会让“庸才”“懒才”呆不住。因此，**职业晋升通道的设计是需要每一个企业重视的，是企业保持组织活力的根本。**

2. 优胜劣汰机制的设计

我经常说“管理是严肃的爱”。严格管理的目的是什么？目的是保障优秀员工的利益。一个管理得好的企业，不可能保障所有员工的利益，实现所有员工的想法，满足所有员工的诉求，这也不太现实。

企业要想发展，团队要想有活力，需要做到的是保障优秀员工的利益。企业要通过量化的考核和业绩指标来设计一套优胜劣汰的机制，给想做事的人以机会、给能做事的人以舞台、给做成事的人以荣誉、给不做事的人以危机感。

（1）给想做事的人以机会

每个企业要树立自己的愿景，在企业成长和发展的过程中、在每天的日常管理工作中，要建立发现人才的机制，比如技能 PK 大赛、培训考试、绩效管理中的各项评估。首先要发现想做事、想做好事的人，然后给他们机会去尝试。这种机制不仅能发现和储备人才，**当所有的员工都知道只要想做事、想做好事，公司就会给他机会的时候，这种企业氛围和文化甚至比发现人才本身还要重要。**

（2）给能做事的人以舞台

当发现能做事的人、给想做事的人机会以后，企业就要想方设法提供舞台供其施展才华。员工创客化、企业平台化、客户个性化是未来企业拥有持续竞争力的关键。**一家企业要想保持活力，让整个团队有创造力，其为员工提供发展平台的能力才是企业的核心竞争力。**

（3）给做成事的人以荣誉

当能做事的人把事情做成了，就要在第一时间给做成事的人以荣誉。这个荣誉不仅是物质上的，更多的是精神上的。随着社会的不断进步、企业员工素质的不断提高，职员工对精神层面的需求会日益增加。PK 排名、业绩排名、公开表扬等都是很好的方式。要在企业中养成一种视业绩为荣誉，视问题为耻辱的文化。只有形成这种文化以后，才能形成一种“传帮带”的文化，才能够激励更多的人朝着这个方向发展。

（4）给不做事的人以危机感

管理在执行层面一定是严肃的、强势的。因为我们的目的是确保组织有活力，保障优秀员工的利益。当有人违反组织规则、违反公司流程制度的时候，当企业里面出现“浑水摸鱼”的“老白兔”的时候，企业管理者一定要下定决心，第一时间处理掉这些人，因为不仅这些人本身工作没做到位，时间一长还会影响公司其他人，破坏整个企业的工作氛围。

再者，换一个角度去想，严肃的处理反而是对不做事的人的一次教育，对他来讲也是最负责任的做法。如果一个人在企业中做得不好而管理者又不进行处理，他就会养成不好的工作习惯，从而会影响他一辈子的工作和成长。如果及时严格地进行了处理，他受到了教育甚至是教训，那么他就会改正、会有所成长，对他未来的发展也是十分有利的。

一个优秀的有活力的组织应该要做好优胜劣汰的机制的设计。如果没有这个机制，做得好和做得不好、表现好和表现不好、业绩好和业绩不好的员工都在企业享受“平等待遇”，久而久之大家都会变成“60 分先生”，都表现平平、“做一天和尚撞一天钟”，这是所有人都不希望看到的。因此，作为企业家、管理者，应该重视优胜劣汰机制的设计。

朗欧企管的老师进入到企业里面做管理变革的时候，就会设置很多优胜劣汰的机制，只要员工做得好，他的收入、职位、职业生涯的发展都会有所改善；如果他做得不好，可能会自动被机制淘汰。

很多人靠感觉管理，感觉这个人行就行，感觉这个人不行就不行。但是，感觉没有标准，而且靠感觉管理往往会引发人跟人之间的冲突。如果企业里面设计了一套很好的优胜劣汰的机制，**很多人与人之间的冲突就转化为了人跟组织、跟机制之间适应与否的问题，员工能胜任与否的问题**，这也是管理过程当中转移管理者和被管理者之间的矛盾的一种非常好的方式。

3. 组织记忆载体的设计

前面的章节里专门讲过组织记忆这个话题，组织记忆载体的设计，就是指要有相对应的记录。

企业要将个人经验转化成组织经验，将个人的行为记录下来形成组织的记忆。就像管理国家一样，每个公民都有一张身份证可以记录活动轨迹：什么时间、什么地点、在哪里出差、住的哪家酒店，如果有需要随时可以查到每个人的行踪。其实，这就是一种档案的管理，这就是一种组织记忆。

企业里面也要为团队设计组织记忆的载体，将个人的经验转化成组织的经验。通俗讲，员工每天工作的计划达成率、订单准交率、人均产量、品质合格率有没有被记录下来？每天的工作任务有没有日计划？每天计划的完成情况是怎么样的？这些记录就是组织记忆的载体。各种表单和文件执行情况的记录、问题的分析、问题的反馈，都属于组织记忆的载体。

企业可以为每名员工设计一份履历表，将他从入职开始的贡献、业绩、问题、表现明确地记录下来。只有拥有了这些组织记忆的载体，管理者才能够对团队的每一个成员进行有的放矢的评价，而不是靠感觉、靠感情来评价。这个人行或不行、工作做得好或不好是有组织记忆的，是通过具体的事情来评估的。这就是我经常强调的通过事情来管理人，而不是靠感觉、靠个人经验来管人。因为事实就在面前，事情是有标准的，而感觉、经验是没有标准的。

4. 持续学习机制的设计

企业内部要有一个持续学习的机制，并保证一定学习的频率。也许有些老板和高管会认为："我们每周花一个晚上的时间学习，但是大家一时间也不会有太多的改变。"但是只要持续地去做，总有想学习的人、愿意去提升的人会成长起来。

持续地学习是企业的根本优势所在，所以企业内部要有一个持续学习的"道场"。比如，每周召开的周例会，让每个部门汇报工作，然后相互点评；再如，每天召开的生产协调会、对单会、稽查的执行力分享会等，这些会议都是学习的"道场"。

除此之外，企业里面可以评选内部培训师，然后每周固定一个时间，持续地让企业内部的人来进行分享和培训，**对于企业的内部培训来讲，其实频率比内容更重要。**

当然，还可以组织外部培训。企业定期安排管理者到外面学习先进的管理知识、行业技术，使企业能主动地从外部获得准确而及时的信息和知识，迅速调整自己的内部结构以适应环境的变化。

其实，学习效果好的企业，更多的是在企业内部学习，因为企业的情况企业员工最清楚，企业的问题也是企业员工最清楚，这样有针对性的学习的效果要远远好过派人出去学别人的思想、别人的理论。每一两个月派团队出去学习一次是可以的，最重要的是要在企业内部建立一套学习机制。

朗欧企管的老师进驻合作的客户企业后，每周都会在企业中组织学习会，成立企业的内部管理学院。我也会亲自到企业跟管理者和员工分享一些好的理念和方法，这样才能打造出一个好的团队。

很多人认为打造团队就是“说教”，只要把道理讲透就够了。而我的观点是要通过统一行动来塑造思想。怎么样统一行动呢？就要通过各项流程制度的落实。落实制度就要求管理者一定要到现场去关注细节。细节决定成败，打造团队也是一样，只有关注细节，才能做到“知情”。当整个团队都知道你“知道”以后，很多问题就不是问题，很多事情也就变得非常好管理了。

绩效考核的三个要点

绩效考核是绩效管理中关键的一环，一家企业绩效管理中的绩效考核是否能真正落地，是否能做到量化、公开、透明，足以反映出企业的基础管理水平的高低，绩效管理工作的落实也就在于绩效考核的实施。

绩效考核主要针对企业以下三个核心问题：

第一个核心问题是，经过了原始积累和快速扩张阶段，有些企业在三五年间年营业额就从一两千万元做到了两三亿元，经营战略目标已经确定，但对目标的分解动作的执行却做得远远不够。如何通过提高公司各部门工作效率保证企业实现战略目标，就显得非常重要且必要。此时，企业绩效考核就会被摆到重要位置上，如果绩效考核能够得到应用并不断完善，就可以促进企业发展。通过数据评估，绩效考核可以跟企业整体的经营战略目标相配套，企业经营的数据指标也自然而然成了绩效考核的数据指标。

第二个核心问题是，绝大部分中小企业经过几年、十几年、二十几年的发展，管理人员失去了创业时期的激情，工作积极性不高，不关心公司的目标能否达成，缺乏对公司的恭敬心。因为做好做坏一个样，权力、利益也相对稳定了，很多管理人员存在“浑水摸鱼”

的心态，也就失去了当初学习、创新的心态了。

第三个核心问题是，随着社会的进步、全民文化素质的提高，现在的一线员工已经不再适应改革开放之初的粗放式的管理模式了，员工们不仅有物质上的需求，更有精神层面的需要。所以就需要企业能够将任务细化，将目标分解到个人，利用完成业绩、达成目标的成就感来调动员工的积极性，从而提升企业的生产效率和产品品质。

解决以上三个核心问题就需要在企业里推行绩效考核，此时需要的不是简单的方案而是具体的落实方法。

绩效考核涉及企业里面职员工的具体收益，所以在整个推行和运行过程中有很多需要注意的问题和细节，这里首先解释一下绩效考核的三个要点。

1. 建立表单，形成数据流

朗欧咨询老师在进驻企业后，会在从订单接入到成品出货的整个生产运作过程的每个节点都设置表单。很多人觉得填表非常麻烦，一谈到表单就头痛，这是个非常不好的习惯。正规企业的老板上班第一件事就是看表单，通过表单数据就能够了解企业的生产状况、管理状况。

表单建立后，要严格地执行表单填写制度。很多人觉得填写表单没有必要，比如，去仓库领料时，认为反正车间有监控，门口有保安，没有必要填写领料单。这样的话，即使企业里面有表单，但也形同虚设，变成为了建立表单而建立表单。

企业不仅要建立表单，还要形成表单流，让数据流动起来。如果数据不能流动，孤立的表单对管理工作没有多大的指导作用。企业里每个表单都不是孤立的，每一份表单都应当是上下串联起来的，这个表单里的数据和体现出来的工作一定会被其他部门或工序所需要，否则就没有人对表单内容的真实性、数据的严谨性进行关注和制约。

例如，统计车间产线的计划达成率，这个数据是与从订单接入到成品出货过程中一连串的数据相关联的。从订单接入到成品出货，有哪些常规的表单（数据）需要流动呢？参见下图：

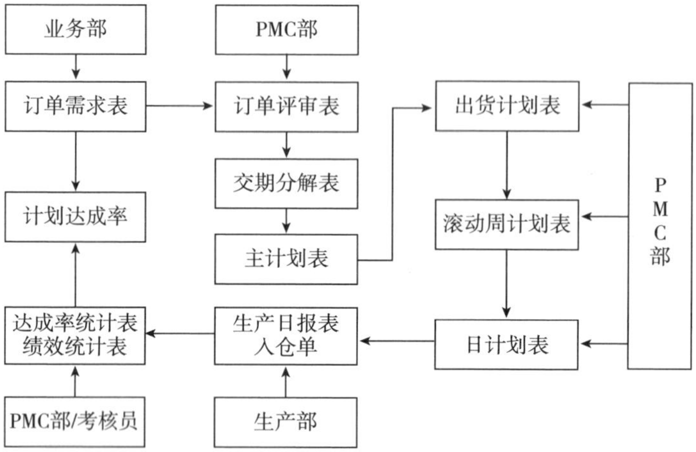

图 5－2　企业生产过程中的表单流动示意图

首先，业务部有订单需求表，PMC 有订单评审表、交期分解表、主计划表，工作由表单体现，表单有数据输出。主计划表填写完毕后，就可以得到出货计划表。根据主计划表和出货计划表，就可以得到滚动周计划表、日计划表，日计划表中有每天下达任务的数据。任务下达后才能进行统计，才能得到计划达成率。为了得到计划达成率，前面要有若干个表单。可能每个企业的情况都不一样，这里只是举个例子，让大家知道表单和数据要能够流动，不能够孤立。

表单简化，操作才能落地。制定表单的时候，不要将表单做得特别复杂，要尽量将表单简化，把复杂的事情简单化。简洁的表单填写起来不需要花费太多的时间，有利于企业形成靠数据做管理的习惯。企业里面很多人不愿意填写表单，看到表单就头痛，似乎对数字“过敏”。但管理一定要懂得用数据说话，不要再对表单“过敏”，表单是帮助企业做好管理的工具，而不是负担。

建立表单，进行数据输出，形成数据流，这是绩效考核的第一个要点。建立表单、形成数据流后，数据如何统计，如何运用呢？这是第二个要点。

2. 横向评估，保证真实性

很多企业的数据都由本部门自己统计，不是上级给下级打分，就是下级向上级汇报数据。这样的统计方式有很大的主观性，如果拿这些数据作为绩效考核、股权激励的依据，被考核和激励的对象肯定不会满意，因为会有很多的“假数据”。

为什么很多企业推行绩效考核没有达到预期效果？就是因为数据统计工作没有做好，没做到横向评估。很多时候被考核人都不清楚评估数据的来源，认为存在数据造假的可能，甚至会觉得公司推行绩效考核的目的就是让员工少拿一点钱。

横向统计也不能绝对保证数据百分之百真实，但是，至少从制度设计和管理流程上，要做到这一点。所有的考核数据都要采取横向评估的方式，下表是某企业的数据指标统计方式，仅供参考：

表 5-1 企业数据指标统计方式示意

被评部门	评估数据	横向统计部门	统计方式
PMC 部	订单准交率	业务部	1. 业务部向 PMC 部下达周生产任务和三天出货计划，计划部则根据周生产任务和三天出货计划编制生产部的周计划和三日滚动计划，由计划员拿单时反馈此计划交期，销售部用该交货期考核 PMC 部门； 2. 订单准交率按批次统计
	仓库账物卡准确率	财务部	1. 财务部同稽查中心每个星期组织一次对仓库实物的抽查盘点； 2. 计算方式：（账面数据 - 盘点数据） ÷ 账面数据 ×100% = 准确率
	备料不及时次数	生产部	按计划订单生产时没有物料或物料没有备齐的，算一次
插头车间	月/周总产值	PMC 部	每月/周插头车间生产出来的产品数量 × 单价 = 总产值
	月/周人均产值	PMC 部	总产值 ÷ 车间生产人数 = 人均产值
	一次交检合格率	品质部	合格总数量 ÷ 总检验数量 ×100% = 合格率
业务部	出货及时率	PMC 部	按出货计划生产后入仓时 48 小时以上未出货数量 ÷ 总生产入库数量 ×100% = 出货及时率
	销售计划达成率	PMC 部	每月/每周业务同 PMC 部门拟定销售计划，以实际完成的销售额 ÷ 应当完成的销售额 ×100% = 达成率
	出货订单更改次数	PMC 部	业务部三天出货计划下达以后还出现数量更改、订单取消等现象次数
技术部	BOM 表出错次数	PMC 部	PMC 部统计每周/月统计出错次数
	工艺技术资料发放及时率	生产部	生产部在产品生产时无技术资料支持的次数

表中有被评部门、评估数据、统计部门和统计方式。例如，订单准交率是考核 PMC 部工作业绩的关键指标。这个订单准交率要由业务部统计，因为业务部最关心订单准交率。订单准交率高，业务部门才能更好地服务客户，业务员的提成收益才能更高。如何统计呢？业务部向 PMC 部下达周生产任务和三天出货计划，计划部则根

据周生产任务和三天出货计划编制生产部的周计划和三日滚动计划，由计划员拿单时反馈此计划交期，销售部用该交货期考核 PMC 部门。仓库的账物卡准确率，不是由 PMC 部或者仓库自己统计，而是由财务部门做统计。（该企业的仓库归 PMC 部管。）备料不及时次数，跟生产部门关系最大，因此在对 PMC 部业绩进行评估的时候，备料不及时次数应该由生产部门统计。

再如，生产车间需要关注日/周/月总产量、总产值数据，这个数据应该是由 PMC 部或仓库来统计。而生产车间的品质合格率应该由品质部门来统计。

业务部的出货及时率是考核业务部的一个数据指标。很多企业的业务员要求 PMC 部当月 5 日就要把某个订单生产出来，而等到当月 15 日才出货。所以，出货及时率就应该由 PMC 部统计，因为 PMC 部门为了该订单提前计划、提前排查，不断跟生产协调，好不容易生产出来的货物却被业务部堆在仓库里，这样是不行的。同理，销售计划达成率、出货订单变更次数，都是由 PMC 部来统计。

技术部的关键指标有 BOM 表出错次数，一般是由 PMC 部来统计，因为 PMC 部中的物料控制要根据 BOM 表进行套料核算、申购物料，采购部才能据此购买物料。而工艺技术资料发放及时率，应该是由生产部来统计。

所以，这些都是横向统计。这里跟大家列举了几个部门，其他部门也是一样，都要懂得进行横向评估。

除了企业内部的横向评估外，还要进行外围的横向管控。比如，财务部每月要将公司整体数据与各个部门的考核数据做核对，因为每个月出了多少货、收了多少钱是无法造假的。如果一个企业连自己这个月出了多少货，该收多少钱都不知道，就会出问题。

稽查部每周要检查数据的真实性情况，遇到数据作假的部门或个人，要严厉惩处。朗欧的老师非常强调数据的真实性。每位老师回朗欧公司进行工作汇报的时候，都要拿数据说话，而且数据必须是真实的。假数据是公司的“高压线”，数据作假不仅仅是一个管理问题，还会破坏企业诚信的文化。

3. 及时报核，强调及时性

当数据统计出来以后，要懂得细化时间单位。

五年前我为一家广东中山的一家家具厂提供咨询。当时那家公司里有些员工觉得每个月的工资不对，总觉得工资发少了，总觉得公司克扣了他们的劳动报酬（该企业是计件工资制）。于是，一到发工资的时候员工就罢工，就去人力资源部闹事。在项目调研阶段，我们认为这样的现象很不正常，但是跟老板沟通的时候，老板却说：“没事，过几天他们就会回来（工作）的……”可见企业老板已经将这种异常当成正常了。朗欧的老师觉得这样肯定不行，于是，朗欧项目组就做了一项工作：当天核算每个人的工资。就算工资真的有问题，当天的问题也比较好解决，倘若等到一个月以后再来谈上个月的问题，许多老问题就变成了新问题了。

劳资矛盾是没有办法彻底解决的，但是可以通过每天曝光，细化时间单位，将劳资矛盾化小。最后，员工就会清楚地看到，公司没有故意克扣工资、压缩单价。

只是每天报核工资，既不是每天发工资，也不用做其他的工作，不仅杜绝了罢工的现象，还起到了激励员工的作用，该工厂的生产效率在一个月内提升了20%。

由此可以看到，数据要及时地提报，及时地核算，强调及时性。

奖金和生产中的关键数据要每天提报、统计，让执行人、被考核人清楚当天的数据情况，并签名确认，最后进行绩效考核的时候才不会出现异议。

绩效考核的八个步骤

1. 薪酬体系的建立

做好绩效考核的基础，就是建立基本的薪酬体系，包括公司的职等职级，以及与职等职级对应的薪酬水平。

很多企业没有建立起与职等职级相对应的薪酬体系，薪资确定也比较随意，基本上是由管理人员或老板根据面试情况确定新员工的薪资。最后，要建立薪酬体系的时候才发现，企业的薪酬体系处在一片混乱之中。

建立薪酬体系的重点就是将管理岗位分类、设定职等职级和与其对应的薪酬标准。

（1）岗位分类

一般工厂内的岗位可以分为：管理类、技能类、行政类三大类，各工厂可以根据自身实际情况确定。管理类岗位指参与计划、组织、领导、控制的职能岗位，如各部门科长、班长等；技能类岗位指参与产品技术的开发和指导、设备的维护和操作的职能岗位，如工艺员、技术员、电工等；行政类岗位指以减少人力、物力、财力和时间的支出和浪费，提高行政管理的效能和效率为目的的职能岗位，如文员、培训专员、保安队长等。

(2) 职等职级的设定

每个企业可以根据自己企业的实际情况设定职等职级。职等职级不必太多，但要体现出各个岗位之间的差别，体现出岗位性质、职位高低的区别。下表为某企业的职等职级表：

表 5－2　某企业职等职级表

职等	职务分类			各部门职等对照						
	管理类	技能类	行政类	财务部	技术部	生产部	品管部	人力资源部	生控科	稽查办
16	总经理									
15	资深副总经理									
14	副总经理									
13	总监	总工程师			总工程师					
12	副总监	副总工程师			副总工程师					
11	资深经理			资深经理	资深经理	资深经理	资深经理	资深经理		资深经理
10	经理			经理	经理	经理	经理	经理		经理
9	副经理			副经理	副经理	副经理	副经理	副经理		副经理
8	资深科长	资深工程师		资深科长	资深工程师	资深科长	资深科长	资深科长	资深科长	资深科长
7	科长	高级工程师		科长	高级工程师	科长	科长	科长	科长	科长
6	副科长	中级工程师	资深专员	副科长	中级工程师	副科长	副科长	副科长/资深专员	副科长	副科长
5	资深班长	初级工程师	专员	会计/出纳/仓管	初级工程师(工艺员)	班长	班长	专员/保安队长	计划员/跟单员	稽查员
4	班长		资深文员	助理会计	技术员	副班长	副班长/技术员	资深文员	副班长	
3	普通职员	技术员	文员	统计员	化验员/文员	文员/统计员	文员/统计员	文员/统计员/储干	文员/统计员	
2	组长			组长	组长	组长	组长	组长	组长	
1	作业员			作业员	作业员/检验员	作业员/检验员	作业员/检验员	作业员	作业员	

（3）薪酬标准的设定与评级

划分出职等职级以后，企业需要根据历史工资待遇制定对应的工资标准。问题在于，很多企业并不是新办企业，如果是新办企业，就可以提前设计好薪酬标准，而在老企业里面，每个职员工都有着原有的工资待遇，这时就需要管理团队开动智慧，做好每个人现有薪酬的评级，公开考评，使制定出的薪酬标准公平、公正、令人信服，并及时公开宣传公司薪酬改革的意义、目的与步骤。下表为某企业的薪酬标准，仅供参考。

表 5－3　某企业薪酬标准示意表

职级	职等	16	15	14	13	12	11	10	9	8	7	6	5	4	3	2	1	津贴(元)									
	管理类	总经理	资深副总经理	副总经理	总监	副总监	资深经理	经理	副经理	资深科长	科长	副科长	班长	副班长		组长		津贴会计	夜宵津贴	交通津贴	配偶待工津贴	花费津贴	住房津贴	购房津贴	工种津贴	职位津贴	其他津贴
	技能类				总工程师	副总工程师				资深工程师	高级工程师	中级工程师	初级工程师	技术员													
	行政类											资深专员	专员	资深文员	文员		作业员										
27					A	C	E											900			600～2000	100	600				200
26						B	D											900			600～2000	100	600				200
25						A	C	E										900			600～2000	100	600				200
24							B	D										1900		1000	600～2000	100	600				200
23							A	C	E									1900		1000	600～2000	100	600				200
22								B	D									900		800～1000	600～2000	100	600				200
21								A	C									900		800～1000	600～2000	100	600				200

（表中数据经过处理）

其中，每一职等中分别划分出A、B、C、D、E五个薪级，A级为试用期，B级为转正后，C～E级为跨年度绩效考评合格后晋升薪级。

当薪酬标准确定以后，评级对于员工来说就意味着实际待遇，为了避免员工相互扯皮和抱怨，企业一般可以采取薪级评分的办法，从工龄、技能、岗位系数等方面对员工进行评价，并规定相应的权重和评级方式，例如：

①工龄：占比10%，不同企业可以根据公司运营年限、企业员工平均工龄确定不同工龄的分数，由人力资源部按照标准进行评分；

②岗位技能考核：占比40%，以本岗位实际操作理论考核为主，可以从理论知识、效率、质量等各方面来制定考核标准并进行评分；

③上司评价：占比10%，被考核人员直接主管对其日常工作表现进行评价，由人力资源部制定评价标准；

④岗位互评：占比10%，被考核人员相邻岗位之间进行互评，需要制定岗位互评表，由他人评价；

⑤岗位系数：占比20%，由人力资源部主导、公司各部门经理参与共同制定岗位系数，分别从工作环境、工作难易程度、工作强度、岗位重要性和技能要求等各个方面对岗位进行评分。

最后，根据员工的总的得分情况来确定薪级。**员工评级的过程一定要做到公开透明，并且以方案的方式进行**，而不是靠领导或是公司老板的主观印象，只有这样才能让薪酬体系建立工作更好地推行。

2. 薪资结构的排查与岗位职能职责的梳理

很多企业原有的工资模式都是固定薪资，形式上主要分为计件工资和计时工资两种。计件工资就是按照工人生产的合格品的数量（或作业量）和预先规定的计件单价来计算报酬的一种工资形式；计时工资就是固定月薪，如物控员一个月无论业绩好坏固定收入5000元。二者都属于整体的薪资模式，没有设定绩效考核工资项目，整体薪酬计算过于笼统，不利于绩效考核。当职等职级和薪酬标准制定出来后，企业就可以调整原有的工资结构，将原来笼统的工资分解成各个模块并加入绩效工资，如下表：

表5－4　企业工资分解示意表

工号	姓名	岗位	出勤天数		基本工资	应发工资									应发工资合计
			正常出勤	加班		当月基本工资	岗位工资	工龄工资	加班工资	全勤奖	社保补助	绩效奖	攻关奖	其他	

每个企业根据自身情况不同，可不必包含全部或不局限于上述内容。

当工资结构调整完毕后，企业必须要对各个岗位的职能职责进行梳理，并制定出各个岗位的职能职责表或岗位说明书。以PMC部为例：

表 5－5 PMC 部职能说明书

部门名称	PMC 部	上级部门	总经理	上级主管	总经理
下属部门	无	主管岗位	部长	部门编号	
所属岗位	仓库主管、计划员、物控员、仓管员、搬运工			岗位编制	15 人
部门目标	1. 有效组织各部门资源，合理安排生产计划，达成客户交期； 2. 建立、完善仓库管理制度，准确统计库存，做到账物卡相符				
主要职能	1. 负责组织对销售预测及订单进行评审，并结合库存情况及各生产单位的产能，整合生产能力，合理安排生产； 2. 组织编制月、周、日生产计划，并跟进各生产车间的生产作业计划执行情况，确保交期满足销售需求； 3. 收集各生产车间的产能信息并进行分析、预测及促进提升； 4. 组织协调各相关单位解决生产过程中的各类异常情况，确保生产顺畅；负责组织召开生产协调会； 5. 物料需求计划的审核、跟踪及采购作业的监控； 6. 建立、完善仓库管理制度，准确统计库存，做到账、物、卡相符； 7. 贯彻与维护公司有关工作的方针、政策； 8. 完成上级安排的其他工作				
管理权限	1. 产品生产计划及物料计划的制定、执行、监督权与解释权； 2. 物料管理的监控权； 3. 各生产单位生产进度监督权； 4. 相关信息、资源的获取权及其他部门的协同权				
执行标准	订单评审流程卡、PMC 与生产横向流程卡、日冷冻生产计划形成流程卡、生产计划达成流程卡、生产异常处理动作流程卡、备料制作业流程卡、仓库收发退补流程卡、仓库 5S 行为流程卡、呆滞物料处理流程卡、成品收发退补流程卡				
管理责任	1. 对生产计划的合理性负责； 2. 对物料需求计划及时性负责； 3. 对订单准交率负责； 4. 对仓库账、物、卡准确率负责； 5. 对仓库呆滞品库存形成原因分析负责				

表 5－6 PMC 部岗位职责说明书——PMC 部长

岗位名称	部长	直接上级	总经理	直接下级	仓库主管、计划员、物控员
岗位职责	1. 全面统筹本部门管理工作； 2. 组织相关部门进行销售预测及订单评审； 3. 每月 28 日前进行产销协调会； 4. 每日 15:30 组织各部门召开生产协调会； 5. 负责审核生产用物料的需求计划； 6. 每日监督各环节物料进度情况并组织、协调异常处理； 7. 每日 17:00 前监督备料工作的及时性； 8. 主导呆滞物料的处理、原因分析及跟踪改善措施的执行； 9. 对生产部及各车间的生产计划完成情况进行审核、统计和考核； 10. 贯彻与维护公司有关工作的方针、政策； 11. 对下属工作的安排和督导； 12. 对下属各项工作技能的教育培训； 13. 完成上级交办的其他临时事项				
岗位权限	1. 对本部门工作的管理权； 2. 对所属下级的工作有监督、检查权； 3. 对计划执行的监督权、问责权； 4. 对本部门员工的考核权、奖惩权、加薪及晋升的建议权				
任职要求	1. 大专以上学历，三年以上 PMC 部门负责人工作经验； 2. 熟练运用电脑办公软件； 3. 较强的组织、协调、规划、沟通能力，能够承受一定的工作压力； 4. 熟悉制造型企业的工艺流程及生产运作体系				
执行标准	订单评审流程流程卡、日冷冻生产计划形成流程卡、生产计划达成流程卡、生产异常处理动作流程卡、备料制作业流程卡、呆滞物料处理流程卡				
考核指标	1. 订单准交率； 2. 仓库账、物、卡准确率； 3. 仓库呆滞品金额； 4. 备料不及时次数				

表 5－7　PMC 部岗位职责说明书——计划员

岗位名称	计划员	直接上级	部长	直接下级	无
岗位职责	1. 根据产销分析结果，及时编制产销分析表（月、周生产意向计划，确保计划的合理性）； 2. 每日 12:00 前、16:30 前发放滚动冷冻日生产计划； 3. 组织相关部门进行业务订单评审； 4. 根据业务每日下达的送货通知，协调生产计划调整及仓库发货安排； 5. 跟进解决各生产过程中的各类异常情况，确保生产顺畅； 6. 每日 15:30 分参加生产协调会，跟进会议决议的执行； 7. 每日分析统计各车间生产计划达成率，为考核生产部门绩效提供依据； 8. 贯彻与维护公司有关工作的方针、政策； 9. 完成上级交办的其他临时事项				
主要权限	1. 生产计划编制权、执行监督权； 2. 生产进度的监督权、问责权； 3. 生产计划达成相关信息的获取权				
任职要求	1. 大专以上学历，三年以上本职工作经验； 2. 熟悉电脑办公软件； 3. 较强的组织、协调、沟通能力，能承受一定的工作压力； 4. 熟悉制造型企业的工艺流程及生产运作				
执行标准	订单评审流程卡、日冷冻生产计划形成流程卡、生产计划达成流程卡、生产异常处理动作流程卡				
考核指标	1. 计划下达的及时性； 2. 计划的准确性； 3. 订单交期的及时性				

表 5－8　PMC 部岗位职责说明书——物控员

岗位名称	物控员	直接上级	部长	直接下级	无
岗位职责	1. 每日根据根据业务订单，制作物料需求计划，经部长批准后提供给采购部； 2. 依据采购管制表对所采购物料的库存数量、需求数量、交期、品质等跟进及异常协调、处理工作； 3. 每日 17:00 前跟进仓管员提前两天实物备料情况； 4. 不定期抽盘仓库账、物、卡相符情况； 5. 确认生产退/补料，并适时做好相关台账记录； 6. 负责退料、补料的进度跟催； 7. 每日 15:30 参加生产协调会，反馈物料需求达成信息，跟进工作范围内的决议实施情况； 8. 负责采购物料达成率统计，提供达成信息及异常反馈； 9. 负责呆滞物料及不良物料处理跟进； 10. 承办上级临时交办的其他工作				
主要权限	1. 对采购进度的跟催权； 2. 对仓库物料的抽盘权； 3. 物料紧急放行申请权； 4. 对违反物料管理与控制行为的制止权				
任职要求	1. 中专以上学历，3 年以上本行业同职工作经验； 2. 熟练运用电脑和办公软件； 3. 有一定的沟通、协调、组织能力，能够承受一定压力； 4. 熟悉物料管理，熟悉制造型企业的生产流程和组织运作				
执行标准	生产异常处理动作流程卡、备料制作业流程卡、呆滞物料处理流程卡				
考核指标	1. 备料不及时次数； 2. 物料需求计划及时性； 3. 物料需求计划准确性				

表 5－9　PMC 部岗位职责说明书——仓库主管

岗位名称	仓库主管	直接上级	PMC 部长	直接下级	仓管员、领料员、叉车工、搬运工
岗位职责	1. 负责仓库整体工作事务及日常工作管理，协调部门与各职能部门之间的工作； 2. 负责制定和修订仓库收发存作业程序及管理制度，完善仓库管理的各项流程和标准； 3. 负责分配仓管员的日常工作，使日常工作做到高效、准确、有序； 4. 仓库要合理化布局和管理，负责制定仓库的规划、标识、防火、防盗、防潮及物料的准确性管理标准； 5. 负责组织仓库盘点工作，确保账、物、卡准确率 100%； 6. 负责监督处理不良物料和呆滞物料； 7. 对各仓管收发进行现场监督管理、5S 的推行状况、执行状况并进行检查； 8. 及时审核所有仓管的收发单据； 9. 签收各部门发放的文件； 10. 接受并完成上级交办的其他工作任务				
岗位权限	1. 对仓库工作的管理权； 2. 对所属下级的工作有监督、检查权； 3. 对仓管工作执行的监督权、问责权； 4. 对仓库员工的考核权、奖惩权、加薪及晋升的建议权				
任职要求	1. 大专及大专以上学历，三年以上仓储工作经验； 2. 熟悉电脑办公软件； 3. 积极进取，责任心强；高度的工作热情，良好的团队合作精神； 4. 很强的自我约束力，独立工作和承受压力的能力				
执行标准	备料制作业流程卡、仓库收发退补流程卡、仓库 5S 行为流程卡、呆滞物料处理流程卡、成品收发退补流程卡				
考核指标	1. 仓库账、物、卡准确率； 2. 单据入账审核的准确率； 3. 生产及业务投诉次数				

表 5－10　PMC 部岗位职责说明书——仓管员

岗位名称	仓管员	直接上级	仓库主管	直接下级	无
岗位职责	1. 应按规定严格执行入库手续，物料或成品进仓时，要核实数量、规格、种类是否与货单一致，物料入库时还要核对是否按采购订单的数量和要求的交货日期交货； 2. 入库的物料和成品应分类放整齐，并设物料卡，标识清楚； 3. 存货入库后应及时入账，准确登记； 4. 领用物料部门应开具领料单，仓管员应按物控审核无误的领料单和先进先出的原则发料； 5. 仓管员应坚持日清月结，凭单下账，不跨月记账，按时上交报表，做到账、物、卡一致； 6. 仓管员要定期做好盘点工作。计算仓库内现有的物料种类与数量，掌握和明了库存的实际情况，作为采购或进货的参考； 7. 要妥善保管好原始凭证、账本以及各类文件，要保守商业秘密，不得擅自将有关文件带出厂外				
岗位权限	1. 有物料摆放、归类、区域自理的权力； 2. 有安全设施、“5S”整改的建议权力； 3. 对单据填写不规范或不符合程序及手续的有拒绝执行的权力				
任职要求	1. 高中及大专以上学历，一年以上仓储工作经验； 2. 熟悉电脑办公软件及 ERP 系统； 3. 积极进取，责任心强				
执行标准	备料制作业流程卡、仓库收发退补流程卡、仓库 5S 行为流程卡、呆滞物料处理流程卡、成品收发退补流程卡				
考核指标	1. 仓库收发的准确率； 2. 单据入账的准确率				

编制：　　　　审核：　　　　批准：

3. 绩效工资来源的确定

很多企业在推行绩效考核时，仅仅拿个人现有工资进行考核，从而变成变相降工资，极容易造成员工的不满。正确的做法应当是与被考核人协商将其现有工资的一部分作为绩效考核工资，之后公司再支付另外一笔钱同样作为绩效考核工资。这样的方式，员工才更容易接受，这是让员工接受绩效考核的基础条件。

例如，物控员岗位月薪 5000 元，根据企业的薪酬标准，他的应得工资总数为4500元，则该物控员原来的5000元月薪中有500元成为绩效考核工资。之后公司每个月再支付500元作为另一笔绩效考核工资，则他的绩效工资共为1000元。当他达到绩效考核标准的时候，便可以拿到5500元的月薪；未达标的话，月薪就只有4500元了。各企业根据实际情况，绩效工资所占的比例也许不一样，但一定要采取此种方式，当然也可以设置成为一种不断提升、永不封顶的奖励方式。

4. 考核指标项的确定

很多企业在做绩效考核的时候想将所有的数据指标都放到绩效考核项目当中，以为放入所有的指标，员工就能够做好工作，结果，因为员工关注的点不够集中，到最后所有的数据项目都没有达标。其实，每个人的实际工作内容中涉及的关键指标并不多，可以量化的数据并不多。

究竟设置多少个考核指标比较合适呢？可以根据前期管理变革及攻关数据，每个部门每个人可以确定三到四个关键数据指标，最多不超过五个，并且所有的考核指标都要可量化。

企业不能在绩效考核的形式和方案上过于追求完美，而应当注重绩效管理的前端，设定绩效考核的指标项、确定关键指标。例如，生产部门管理人员考核的关键指标就是效率、质量、成本这三个方面。如果为一个部门、一个人头上设置太多的指标，一定会造成真正核心的关键指标权重的下降和管理人员疲于应付等问题。

5. 考核指标值的确定

考核指标确定以后，考核值的设定就显得尤为重要，亦是整体绩效考核的核心部分。数据指标定高了，被考核人会认为目标不切实际，不但调动不了积极性，反而会起反作用；数据指标定低了，等于间接加工资，没有压力，就没有动力提升业绩，绩效考核的目标就无法实现。

可以按照如下步骤确定考核指标值：

首先，确定能够拿到绩效奖的人员比例。在推行绩效考核时，至少要求同岗位40% ~60%的人能够拿到绩效奖金，具体比例依据各企业实际情况确定。例如，PMC部总共有10个物控员岗位，那么在确定绩效考核数据指标值的时候，至少要保证确定出的指标能够让其中4名物控员拿到绩效奖金。

随后，要按照上述原则用最近两个月以及上年同期该岗位的实际数据情况进行演算，相当于正式推行绩效考核前的模拟。根据历史数据，计算出员工能够得到多少绩效工资，并根据计算情况来调整目标值，保证被考核人通过努力能够拿到奖金。**提前演算的过程非常关键，可以让企业明确知道绩效考核的成本和预期的效果，亦可以成为动员员工参与考核的重要依据。**

6. 考核制度和方案的制定

完成前面的步骤以后，就可以将整体绩效考核制度与各个岗位的考核标准制定出来。每个企业要根据自己的实际情况来制定，在制定的过程中需要让被考核人共同参与研讨并与之充分沟通，以保证制度正式推行后能够落地。（具体方案范本见附件5－1、附件5－2）

制度和方案制定出来以后，应再次与被考核人和相关部门进行统一研讨并于会签确认后生效。

7. 正式推行绩效考核

推行绩效考核的过程中有以下几点注意事项：

（1）推行方案要明确一个试运行阶段，可以是一个月或三个月，最多不超过半年。无论前期方案做得多么完美、准备工作做得多么充足，在推行过程中还是会发生很多问题。一个明确的试运行期，既能够保证制度方案的权威性，又能够让问题及时得到解决，方案可以及时调整。

（2）组织被考核人员进行培训，可以与绩效考核管理制度的研讨一起进行，在培训过程中要明确绩效考核的目的，最好能够以一个表现突出的部门或个人为例。

（3）前期不要在企业全体员工中推行绩效考核，要抽取一个部门或个人来推行，通过绩效考核，让这个部门或个人能够在做好工作的前提下拿到比之前更高的工资，以此树立一个样本。

（4）在考核前期需每天通报数据，并每周召开总结会进行过程总结，实时关注每名被考核人的数据达成情况、考核奖金实得情况，最好能做到每天或每周通报。

8. 持续关注，狠抓落实

绩效考核要想真正地落实，必须在推行的过程中在细节上较真。由于**绩效考核跟每个人的利益挂钩，各个细节务必严谨**。各部门要通力配合、全力以赴，从流程的规范、数据的来源、人员的心态等方面去把握。一般在试运行半年到一年后，员工就会养成好习惯，当习惯养成以后，整个企业的绩效管理才会达到预期的效果。

在绩效考核推行过程中遇到问题要不断调整，例如，企业不同月份的订单情况、业务量、工作量不一样，如果设定某个标准后一直不做调整，肯定会由于一些客观因素而使员工的工作业绩达不到绩效考核的标准，打击员工的工作积极性。

为了避免这一问题，可以从以下两方面入手：一方面，考核数据可以与年度目标挂钩；另一方面，在数据指标项确定下来以后，可以按每个月的实际情况修订，调整考核目标。如生产经理10月份的总产值考核目标为业务量1000万元，但在9月底通过销售预测及往年业务情况发现，10月份公司业务量在800万元左右，则可以在9月底时将考核目标调整到800万，反之亦可以调高。考核指标也可以调整为不受生产淡旺季影响的人均产值。

在推行过程中还会出现人员不配合、对数据有异议等问题，关键在于当问题出现以后，要第一时间，且在严谨科学的前提下去解决。

合理的运作流程和岗位职责是实施薪酬福利改革的基础；从实际出发、公平公开的评价原则是薪酬福利改革、绩效考核成功的保障。薪酬与绩效挂钩，运用考核实现多劳多得，按绩效结果评估、分配，才能够激励先进、保障优秀员工的利益，从而从制度上、流程上、利益分配上打造企业“比、学、赶、帮、超”的氛围。

附件

附件 5 − 1　企业绩效考核制度（范本）

××××有限公司

绩效管理考核方案

1. 目的

为建立和完善××公司绩效考核体系和激励约束机制，对中高层干部的管理效能、价值创造过程及结果进行客观、公正的评价，并通过此评价客观地进行利益分配，促进中高层干部与××公司事业共同发展，特制定本方案。

2. 原则

管理干部考核必须坚持公平、公正、公开的原则，严格依据管理效能、业绩和价值创造过程中的表现，来确定干部的薪资、年终奖金和职位。

3. 考评周期

试运行期：××××年××月××日至××××年××月××日；试运行期无修订，本方案将延期至××××年××月××日止。

本方案月度考核周期：每月 1 日至月末，以自然月为准。

本方案年度考核周期：每年 3 月初至翌年 2 月末，以阳历年为准。

4. 考核机构与权限

公司（指××××公司）成立绩效考核委员会，主要成员有：×××、×××、×××、×××、×××和×××（人力资源部经理）等 6 人。绩效考核委员会是公司最高考核机构，负责各分厂和部门经营管理目标、管理绩效的考核与审核工作，是所有考核结果的负责机构。

×××（组长）：负责副总、总监级别及直属下级管理人员的绩效考核与审核。

×××、×××、×××、×××、×××和×××（成员）：负责部门经理、部门/车间主管、分厂厂长和区域经理/主管的绩效考核。

人力资源部：考核工作的具体执行部门，参与绩效考核工作，负责公司各级经理、主管等级别的干部考核体系的构建、考核制度的制定、考核工作的组织实施，综合协调、指导与监督职能部门的考核工作，并负责考核结果的管理与归档。

5. 适用范围

本方案适用于竞争上岗的见习主管/经理，转岗、晋升、降职等特殊阶段管理者和正常履职的各级部门/车间主管、部门经理和各分系总监/副总的考评考核。

新入职仍处于试用期的管理人员、未被正式录用的主管及以上级别管理人员不适用此方案。新入职的主管/经理在试用期内，适用于特殊期内员工考评方案，按《试用期员工转正考绩表》考评。

6. 考核内容、标准及权重

本考核方案以业绩和能力为导向，根据各部门岗位特征，选取 KPI，对具体的 KPI 设定考核权重，每个 KPI 值设定具体的绩效额度和上下浮动空间标准。当核算出次月 KPI 实际达成值后，人力资源部将以 KPI 实际值对应考核标准项，以该对应项的绩效工资额计算工资。具体见《××××年××绩效考核标准》。

考核指标以年度为周期，每年 1 月或 2 月确定翌年新的考核指标和权重。

7. 考核程序

生产总监、销售总监、各分厂厂长、部门/区域经理、部门/车间主管绩效考核指标是公司年度经营管理目标的分解，公司年度经营计划需于每年 12 月 15 日前确定，并于 12 月 25 日前完成各部门目标分解，翌年 1 月 20 日前确定所有主管及以上级别的经营管理人员的考核指标和《绩效管理考核方案》。

每年更新《绩效管理考核方案》和《××××年××绩效考核标准》的指标。在指标制定过程中，需与考核对象座谈，议定考核项目、数据和统计方式等，并经考核对象签字确认。

各考核数据统计岗位每月 5 日前，将经自己核准签字的考核数据提交人力资源部，由人力资源部在每月 15 日前完成数据核实工作。生产部工资产值比在经人力资源部核算后，每月 22 日移交财务部审核，再反馈给人力资源部。人力资源部将各项考核 KPI 整理成《××月绩效考核表》，经人力资源部经理核准签字后，每月 24 日前交给考核对象签字确认。

被考核人对考核数据有异议的，在收到《××月绩效考核表》后 1 天内提出异议，填写《绩效考核面谈/申诉表》并提交到人力资源部或绩效考核委员会申请复核。人力资源部或绩效考核委员会在 1 天内做出回复。被考核人 1 天内未提出异议的，视为同意。

人力资源部将经被考核人签字的《××月绩效考核表》汇总成《××月绩效考核总表》，每月26日前报送绩效考核委员会组长审批。

总监级管理人员直接由总经理审批，直属总经理管辖的部门经理由总经理审批；一厂和十九厂部门经理级管理人员由生产总监初审，分厂经理和厂长级别管理人员由副总经理初审，销售部区域经理由销售总监初审，再由总经理复审后生效。

部门主管级别管理人员由人力资源部初审，总监级别管理人员复审后生效。

人力资源部负责所有考核基础数据和重要表单的归档管理工作。

人力资源部每月26日前将《××月绩效考核总表》移交财务部，财务部根据《××××年××绩效考核标准》结算工资。

8. 考核结果的运用

绩效考核结果不仅关系到薪资水平，还与上级是否能达成年度经营管理目标息息相关，被考核人在任意连续三个月里，月度指标达成状况在60%及以下时，直接上级有权对直属下级的责任人采取降级、降薪、降职、调岗、劝退、留岗查看或培训等措施。

直属下级出现下列情况时，可破格降级、降薪和调岗：

8.1 因本人过错，给公司造成重大经济损失或损害公司形象信誉；

8.2 多次或重复违反公司规章制度，触犯公司红线；

8.3 利用公司名义和资源，进行个人技术与经贸活动；

8.4 唆使或操纵罢工、怠工、造谣生事、破坏正常工作和生产秩序；

8.5 在外兼职，或泄漏公司商业机密、重大决策；

8.6 被证明工作能力不足，须采取降级或调岗处理；

8.7 因个人身体或家庭原因，长期无法胜任或实际未行使本职务职权。

在一段时间内，被考核人的绩效数据提升快速、稳健的，公司将优先考虑给予其晋升机会或物质奖励。

9. 考核结果与年终收益

自××××年起，公司对部门主管及以上级别岗位设年终奖，该奖金从被考核人年薪中抽取一部分作为基数，参考额度为：总监级2万元起，经理级8000元起，主管级 4000 元起。（特别注明：此额度仅作为参考值）公司另外支出一部分作为该管理人全年的价值贡献奖，参考额度为被考核人抽取的基数的 0.2～1 倍。

年终奖的给付标准以全年数据平均值为依据（一般取当年 3 月至 12 月数据的平均值；如果 1 月或 2 月未受春节假期的影响，出勤满 28 天的，将出勤满 28 天的月份的数据加入年终奖的计算中）。全年数据平均值与《××××年××部门绩效考核标准》月度绩效系数为 1 的标准相符，则给予发放全额年终奖。

如果全年数据平均值高于《××××年××部门绩效考核标准》中绩效系数为 1.2 的标准时，则视为超出基础目标值，公司对该管理效能突出贡献者给予奖励，奖金额度为被考核人抽取的年终奖基数×倍率（0.2～1 倍），具体倍率由绩效考核委员会根据超额完成幅度和签订的《××××年××部门绩效考核标准》确定。

达标的年终奖计算公式：

被考核人年终奖 =（本年度抽取的被考核人的绩效基数×出勤月份数÷12）+（本年度抽取的被考核人的绩效基数×出勤月份数÷12）×超额达成倍率（注：被考核人工作满 11 个月或超出 11 个月，按 12 个月计算年终奖，如未满 11 个月则按实际出勤的整月数占 12 月的比例计算年终奖）。

如果全年数据平均值低于签订的《××××年××部门绩效考核标准》中绩效系数为 1 的标准时，则视为未达成工作目标，年终奖按实际达成率计算。（具体以签订的《××××年××部门绩效考核标准》为准）

未达标的年终奖计算公式如下：

被考核人年终奖 = Σ［本年度抽取的被考核人的绩效基数×达成百分率（单项计算）］×出勤月份数÷12

上述计算公式为通用计算公式，具体以签订的《××××年××部门绩效考核标准》为准。

10. 月度绩效工资

公司根据职位特征将被考核人的薪资分解为基本工资、绩效工资和年终奖三个部分，再将绩效考核权重项分成 10 份，依各绩效权重比例设定对应的绩效工资额度（详见《××××年××绩效考核标准》）。公司对每个绩效指标设定上下浮动空间（即绩效系数）。

公司根据月绩效指标实际达成值，在《××××年××绩效考核标准》中找到考核值的对应项和对应绩效系数，再以该单项绩效金额×绩效系数，即得当月单项的绩效工资。将各单项绩效工资相加，即是被考核人当月的总绩效工资。

计算公式如下：

被考核人月薪 = 底薪 + Σ（月度各指标绩效工资额度×月绩效考核系数）

11. 月度考评执行步骤

各部门数据统计员每月 5 日前，将上月管理数据结果通过办公自动化系统发送至人力资源部，由人力资源部核实数据。

每月 23 日前，人力资源部将已核实的数据整理成《××月绩效考核表》，并通知被考核人确认。被考核人对数据有异议的，在 1 天内提出，填写《绩效考核面谈/申诉表》并提交到人力资源部或绩效考核委员会申请复核，人力资源部或绩效考核委员会在 1 天内做出回复。被考核人 1 天内未提出异议的，视为同意。

人力资源部将经被考核人签字的《××月绩效考核表》汇总成《××月绩效考核总表》，每月 26 日前报送绩效考核委员会审批后，转财务部结算工资。

12. 人力资源部权责

12.1 人力资源部负责制定统一的绩效考核方案和实施细则。

12.2 人力资源部负责绩效考核方案的解读、宣传与绩效管理工作。

12.3 人力资源部负责实施月度和年度绩效考评工作，对绩效考核结果的真实有效性负主要责任，并确保考评结果的落实。

12.4 人力资源部为考核对象提供绩效考核的专业培训与指导，发放考评所需资料。

12.5 人力资源部负责收集各项考评原始资料信息，为制定新的绩效考核方案提供充分的数据或事实依据。

12.6 人力资源部负责收集考评意见，进行绩效管理评估和诊断，整理绩效考评资料并进行归档、保存。

12.7 人力资源部负责与绩效欠佳的管理人员进行绩效面谈，提出处理意见。

12.8 人力资源部负责按时完成绩效考核流程工作，跟进相关责任人工作进度。

13. 考核制度

13.1 绩效考核人员务必如实做好考核的相关工作，保证所有绩效考核数据的真实性、严肃性、权威性，如有弄虚作假、谋取私利的现象，一经发现，将处责任人500元/次的罚款；主管及以上级管理人员参与作假，至少承担1000元/次经济责任，必要时提交司法查办。

13.2 试用期内管理人员均不参与绩效考核，具体考核按《试用期转正绩效考核表》执行。如被考核人在当月10号（含）以前转正的，按当月上班天数核发绩效奖；20号（含）以前转正的，按1/2的标准计算绩效奖；21号以后转正的，绩效从下月1日起计算。

13.3 被考核人当月累计请事假超过7天（不含7天）的，当月不计绩效工资；病假累计超过15天（含15天）当月不计绩效工资；病假时间累计在15天以内的，按实际出勤比例发放。

13.4 被考核人1个月内累计请假2天以内（含2天）的，仅扣底薪，不扣请假期间绩效工资。

13.5 被考核人月中离职，当月绩效工资不予计算，也不予发放。

13.6 新入职的主管及以上级管理人员工作未满6个月（含试用期在内）因故离职的，年终奖不予计算。

13.7 被考核人因故降级、降职、调岗的，年终奖一部分按原岗位标准计算，另一部分按新岗位标准计算。

13.8 被考核人因故降薪的，在降薪的洽谈中，如未作特别说明，降薪即默认为降低底薪。

13.9 被考核人因出现本方案第8条中8.1～8.5项规定之情形，被降薪、调岗、降职、劝退的，当年年终奖将不予计算；情节严重的，公司依法保留追究刑事责任的权利。

13.10 被考核人因出现本方案第8条中8.6～8.7项规定之情形，出现降级、降薪、降职、调岗、劝退或离职情况时，年终奖按原岗位工作时间比例和在岗的实际达成率给予计算。

13.11 因被考核人职务晋升，在新岗位的试用期内，绩效工资额度按原岗位标准计算；试用期满，被证明符合新岗位条件的，自转正之日起，按新岗位的绩效额度标准计算，否则，原绩效额度不变。

13.12 被考核人出现平级调动，或者降级、降职的情况时，底薪和绩效工资额度从职务变更日起，同时按新岗位标准计算。

13.13 法定节假日、正常公休日和公司行政性短假（指 2 天内休息），不扣绩效。

13.14 春节放假期间和公司行政性长假（指 3 天或以上的休息），按当月实际出勤比例计算绩效。该数据将不参与年终奖的平均值计算。

13.15 各主管/经理绩效工资属公司机密，严禁外泄或在公开场合谈论；如有违反，责任人承担由此带来的全部后果，不排除使用行政制裁和经济制裁。

14. 绩效改进

被考核人绩效不佳时，人力资源部应组织相关管理人员和被考核人员面谈至少一次，与被考核者就绩效改进与能力提升作正式的全面沟通，且应做到以下三点：

14.1 让被考核者了解自身工作的优点和缺点；

14.2 对下一阶段工作的期望达成一致性的意见；

14.3 讨论制定双方都能接受的书面绩效改进和培训计划。

15. 附则

15.1 本《绩效管理考核方案》试行版自××××年 3 月 1 日起开始试行，其他类似或有冲突的规定，自××××年 3 月 1 日起按本方案执行。

15.2 本方案修订、解释权归公司人力资源部所有。

16. 附表

16.1《试用期员工转正考绩表》

16.2《××××年××绩效考核标准》

16.3《绩效考核面谈/申述表》

16.4《××月绩效考核表》

16.5《××月绩效考核总表》

人力资源部

××××年××月××日

附件5－2　企业岗位绩效考核方案（范本）

×××年 PMC 部经理绩效考核标准

1. 目的

为充分激发管理效能，提升生产效益，达成公司各项经营管理目标，根据相应岗位的薪酬水平，结合生产实际，以公平公正为原则、以正面激励为宗旨，特制订本方案。

2. 适用范围

适用于生产中心部 PMC 部经理的薪酬。

3. 薪酬结构

全年薪酬＝∑月薪＋年终奖

月薪＝底薪＋∑（月各指标绩效工资额度×绩效考核系数）

年终奖（达标）＝（本年度抽取的被考核人的绩效基数×出勤月份数÷12）＋（本年度抽取的被考核人的绩效基数×出勤月份数÷12）×超额达成倍率

年终奖（未达标）＝∑［本年度抽取的被考核人的绩效基数×达成百分率（单项计算）］×出勤月份数÷12

4. 薪酬及考核标准

4.1 薪酬标准

职位	岗位级别	月度薪酬标准（元/月）		年终奖金标准（元/年）	合计（元）
		底薪	绩效工资额度		
PMC 部经理	3.2	3500	3500	12000	96000

4.2 绩效考核指标及月度目标值、考核权重

考核项目	月度目标值	考核权重	绩效工资额度（元）	年度目标值	指标对应年终奖额度（元）
订单批次准交率	85%	30%	1050	85%	3600
月总产值	1900 万元	30%	1050	1900 万元	3600
五金配件包准确率	99.7%	20%	700	99.7%	2400
账物卡准确率	98%	20%	700	98%	2400

备注：1. 以上考核指标只针对一厂，十二厂、十六厂、十九厂待正常运作后再增加。

2. 订单批次准交率＝安包装入库总批次÷销售计划下达月总批次×100%；此数据以销售部统计的数据为准，按平均20天的生产周期计算。

3. 月总产值是指在自然月内，由生产部出货交仓库的总产值；该产值按28天的出勤时间计算，正常出勤不满28天的则按比例扣减，超出28天的按28天计算。

4. 五金配件准确率＝月度五金配件包检验准确总数量÷总检查数量；此数据以品质部统计数据为准。

5. 账物卡准确率＝［1－（账面数据－盘点数据）÷账面数据］×100%。此数据以财务部统计数据为准，可以将不定时抽检作为考核数据，但抽检产品不得少于20款，或以财务盘点数据为考核数据；此两种方式均可，只选其一。

4.3 各绩效考核标准及计算标准

4.3.1 订单批次准交率考核标准及计算方式（一律以四舍五入法精确到1位小数）

订单准交率	绩效系数	绩效工资额（元）	绩效计算方式与范围
≥85%	1.5	1575	1. 月薪＝底薪＋Σ（月度各指标绩效工资额度×月绩效考核系数）。 2. 订单准交率以60%～64.9%为中间值，每上升或下降5个百分点，参照绩效系数给发绩效工资；最低绩效工资额度为180元。 3. 生产周期会因生产的实际情况逐渐缩短，最短为平均20天。在压缩过程中的数据不影响考核的执行
80%～84.9%	1.4	1470	
75%～79.9%	1.3	1365	
70%～74.9%	1.2	1260	
65%～69.9%	1.1	1155	
60%～64.9%	1.0	1050	
50%～59.9%	0.8	840	
45%～49.9%	0.6	630	
≤44.9%	0.4	420	

4.3.2 月总产值绩效考核标准及计算方式（一律以四舍五入法精确到整数）

月总产值（万元）	绩效系数	绩效工资额（元）	绩效计算方式与范围
≥2100	1.5	1575	1. 月薪＝底薪＋Σ（月度各指标绩效工资额度×月绩效考核系数）。 2. 月总产值1701万～1800万元为中间值，每上升或下降100万元产值，绩效系数随产值发生变化，参照绩效系数给发绩效工资；最低绩效工资额度为120元。 3. 试运行期间，绩效系数上下限封顶值为0.2～1.5
2001～2099	1.4	1470	
1901～2000	1.2	1260	
1801～1900	1.1	1155	
1701～1800	1.0	1050	
1601～1700	0.8	840	
1501～1599	0.6	630	
≤1500	0.4	240	

4.3.3 五金配件包准确率绩效考核标准及计算方式（一律以去尾法精确到2位小数）

配件包准确率	绩效系数	绩效工资额（元）	绩效计算方式与范围
≥99.95%	1.5	1050	1. 月薪 = 底薪 + Σ（月度各指标绩效工资额度×月绩效考核系数）。 2. 配件包准确率以99.70%～99.79%为中间值，每上升或下降0.1个百分率，绩效系数随产值发生变化，参照绩效系数给发绩效工资
99.90%～99.94%	1.3	910	
99.80%～99.89%	1.1	770	
99.70%～99.79%	1.0	700	
99.60%～99.69%	0.9	630	
99.50%～99.59%	0.8	626	
99.40%～99.49%	0.7	462	
≤99.39%	0.5	385	

4.3.4 物料仓账物卡准确率绩效考核标准及计算方式（一律以去尾法精确到1位小数）

账物卡准确率	绩效系数	绩效工资额（元）	绩效计算方式与范围
≥99.5%	1.5	1050	1. 月薪 = 底薪 + Σ（月度各指标绩效工资额度×月绩效考核系数）。 2. 账物卡准确率以98%～98.4%为中间值，每上升或下降0.5个百分率，绩效系数随产值发生变化，参照绩效系数给发绩效工资
99%～99.5%	1.3	910	
98.5%～98.9%	1.1	770	
98%～98.4%	1.0	700	
97.5%～97.9%	0.9	630	
97%～97.4%	0.8	560	
96%～96.9%	0.6	420	
≤95.9%	0.4	280	

5. 绩效考核周期

××××年××月××日至××××年××月××日为试运行期，试运行期间，人力资源部有权对不合理值做出修订、调整，但修订与调整需事前与被考核人协商确定。

如在试运行期内无需修订，本方案可延期执行至××××年××月××日止。

6. 年终奖金

PMC部经理年终奖为12000元，按全年实际达成数据的平均值计算。

××××全年KPI数据平均值（有些数据是总值）分3个级别，分别是达标、超标、未达标，年终奖按如下标准计算。

6.1 年终奖发放标准与权重

年终奖	项目	全额年终奖 发放条件	考核权重	指标对应 年终奖额度（元）
12000 元	订单批次准交率	70% ~74.9%	30%	3600
	月均总产值	1750 万 ~1850 万元	30%	3600
	五金配件包准确率	99.70% ~99.79%	20%	2400
	账物卡准确率	98.5% ~98.9%	20%	2400

6.2 年终价值贡献奖发放标准与权重

年终奖	项目	价值贡献奖 发放条件	考核权重	年终价值 贡献奖额度（元）
12000 元	订单批次准交率	75%	30%	3600×（0.2~1 倍）
	月均总产值	≥1851 万元	30%	3600×（0.2~1 倍）
	五金配件包准确率	≥99.8%	20%	2400×（0.2~1 倍）
	账物卡准确率	≥99.0%	20%	2400×（0.2~1 倍）

如××××全年数据平均值低于年终奖 6.1 的标准，则按实际达成率计算年终奖金。

6.3 未达标项的年终绩效的发放标准与权重

年终 绩效额	项目	考核权重	达成率	指标对应 年终奖额度（元）
12000 元	订单批次准交率	30%	实际达成值÷70×95%	3600×达成率
	月均总产值	30%	实际达成值÷1750×95%	3600×达成率
	五金配件包准确率	20%	实际达成值÷99.7×90%	2400×达成率
	账物卡准确率	20%	实际达成值÷98.5×90%	2400×达成率

注：达成率一律按去尾法精确到 2 位小数。实际达成值有%号的，应去掉%号后运算。

7. 其他

7.1 本绩效考核方案操作细则按《××绩效管理考核方案》执行。

7.2 本方案最终解释权和修订权归人力资源部所有。

编制	人力资源部	审核		会签		批准	
日期		日期		日期		日期	

后　记

管理助力中国造

《管理是蓝海：向精细化管理要效益》一书是我从事制造型企业管理咨询行业8年以来的体会。我用近两年的时间把它总结出来，书中的一些观点、理念也许不一定经得起学术上的推敲，但一定能够经得起实战的检验。与其说这是一本管理学著作，倒不如说它是一个管理研究者的实战体会、心得更为贴切。

自从事管理咨询工作以来，我带领着我的团队，深入100多家企业进行现场调研，每家企业派驻至少两名以上的老师与企业方同吃同住同劳动，共同工作至少一年以上。在这一段时间里对企业进行深度的研究和保姆式辅导，带领企业推行精细化管理，梳理管理流程，打造管理团队，取得了许多可喜的业绩。

在企业界，许多企业家对咨询老师、培训老师总是有一些“偏见”，甚至接到类似的电话都厌烦不已，所以，朗欧规定老师们不准主动给企业家打电话。这里面有管理咨询行业本身的一些乱象，例如，咨询、培训老师水平参差不齐，咨询培训公司众多，都想“短平快”地去做一些业务，最终导致企业对管理咨询的反感。当然也有企业家自身的问题，就是企业家不知道企业的真正问题是什么，企业需要的咨询服务是什么。我在为企业提供驻厂式管理咨询服务的过程中就发现，很多企业老板分不清咨询和培训，分不清精细化管理咨询和精益生产管理咨询、人力资源管理咨询等。然后盲目地找了一些咨询公司进行合作，而很多咨询公司在前期洽谈阶段为了赢得客户的信任，往往信口承诺，其结果自然会成为一个个“无法兑现的承诺”，最后就会导致整个企业界对管理咨询业的不认同。

朗欧企管通过几年的发展，目前已经形成了以咨询、实业、投资为一体的经营格局。正如中国经济出版社毛增余博士在序言中所言：“在管理咨询这个领域，一些咨询公司自身的管理做得不到位，却也在到处兜售管理理念、方法，甚至美其名曰‘医不自医’。”朗欧老师在为企业提供咨询服务过程中的敬业精神、专业精神、职业化是有目共睹的，很荣幸能被毛增余博士誉为“医能自医”的管理咨询专家。的确，此书中很多的管理思想和理念，都是我在经营自己的企业当中运用和总结出来的，都是在我自己的实体工厂里实证过的，也是我在经营管理过程中的实际体会。只有这样，我与各位企业家才能有共同的体悟，共同的感受，也才能更好地做好管理咨询的辅导工作，真真正正地帮助广大的中小企业。

此书从构思到正式出版，前后经历了两年时间。因朗欧企管同时为数十家企业提供驻厂管理咨询服务，我平常大部分时间都在企业现场进行调研、策划。所以此书的撰写工作几乎都是在两年间利用少有的休息时间（包括春节期间）完成。在看完此书的终审稿后，我对书中的很多观点和理念又有了新的体悟及升级，但因为时间关系，不能全部更新，希望以后会有机会将更好的管理思想、理念、方法、工具以书的方式呈现给大家。

中国制造中的大多数企业属于传统制造业，如五金、塑胶、建材、玩具、消费电子、陶瓷卫浴等。这些进入门槛低、技术门槛低、劳动密集型的行业，成就了无数企业家的创业梦。通过几十年的发展，传统行业的各行各业已然都是片片红海，我们试图“向外求”找到蓝海似乎变得不可能，我们要“向内求”才能发现身边一直都有的蓝海。“管理是蓝海”——是我这么多年和传统企业一道进行转型升级的过程中真真切切的体会，也是我想与各位传统行业的企业家朋友们一起努力、共同实证的愿景。无论是世界500强还是中国500强的中国企业，传统制造业企业所占份额少之又少。我想带领我的团队与各位一起发一个愿：通过进行管理升级，打造出一批中国传统制造业的代表型企业，它们才是最能代表“中国制造”水平的企业。

此书的形成，离不开许多老师、朋友们的帮助和指导，感谢中国经济出版社副社长、《国资报告》杂志社社长毛增余博士在此书形成的过程中给予的指导和帮助，并倾情作序；感谢好朋友著名财经作家吴晓波老师，浙江大学管理学院前院长吴晓波教授，青岛红领集团总裁张蕴蓝女士对此书的倾情推荐；感谢中国经济出版社编辑部主任张卉女士和她的编辑团队，及我的助理彭增波先生，他们在此书出版的过程中十分用心，为本书的顺利出版付出了心血。

此书的形成，离不开我的咨询师团队在企业里的实践，这本书是我们朗欧整个咨询团队管理实战的结晶（因篇幅有限，不能一一列名）。感谢你们的辛勤付出，我将时刻用心和你们在一起，共同见证朗欧的成长与发展，也感谢你们的家人对朗欧这份事业的理解和支持。感谢我的太太刘益玲女士在此书形成的过程中对我工作的支持，感谢我的家人对我这个“工作狂”的理解。

此书的形成，更离不开许多企业家朋友的支持和帮助，其中绝大部分都是朗欧企管咨询服务的客户，在进行咨询服务的过程中，我与许多企业家成了无话不谈的好朋友。感谢企业家朋友能够将书中许多的管理思想、理念、方法、动作在企业里坚持落地。许多企业家，比如，江门丰达明星纸业的赵罩进董事长、赵耀强总经理，云南兰盾门业应东福董事长，浙江嘉益保温容器有限公司戚兴华董事长对此书许多管理思想的理解非常深刻，并在自己企业里进行实践，也提出了许多可以落地的思路、方法和建议。

此书的形成，还离不开平常在咨询工作开展过程中、在生活中与各位企业家朋友们的深入沟通，此书中的许多管理思想、理念、方法都来自于与大家的交流和分享，在这里深表感谢，他们分别是：

（排名不分先后）

江门丰达明星纸业有限公司	董事长	赵罩进	先生
	总经理	赵耀强	先生
云南兰盾门业有限公司	董事长	应东福	先生
江苏法兰泰克重工股份有限公司	董事长	金红萍	女士
苏州春秋电子科技股份有限公司	董事长	薛革文	先生
山东街景店车新能源科技股份有限公司	董事长	李文君	先生
浙江嘉益保温科技股份有限公司	董事长	戚兴华	先生
	总经理	朱忠平	先生
中国万嘉集团有限公司	董事长	程新民	先生
上海八融（宜芝多）食品有限公司	董事长	蔡秉融	先生
四川大前兴利门业有限公司	总经理	刘　波	先生
中山迪欧家具实业有限公司	董事长	黄寿金	先生
广东恒洁卫浴有限公司	董事长	谢伟藩	先生
江门银湖纸业有限公司	董事长	张明均	先生

湖北兰盾门业有限公司	董事长	涂重华	先生
成至包装（昆明）有限公司	董事长	黄智海	先生
四川元皓科技有限公司	董事长	魏 忠	先生
台州润兰实验器材有限公司	董事长	秦旺仁增	先生
深圳巨邦国际控股有限公司	董事长	郭 东	先生
河北康宏牧业有限公司	董事长	徐晓波	先生
	总经理	姜克奇	先生
广州骏能化工有限公司	董事长	王兰柱	先生
	总经理	徐 佳	女士
成都兴世伟门业有限公司	董事长	陈世伟	先生
江门市乐怡美卫生用品有限公司	董事长	谭桂雄	先生
大连益大精密橡胶制品有限公司	董事长	刘志强	先生
河南嵖岈山门业有限公司	董事长	翟 春	先生
河南双城门业有限公司	董事长	刘 阳	先生
江西波诗明科技实业有限公司	董事长	陈立波	先生
厦门广和源工贸有限公司	总经理	吴成洋	先生
浙江航鹰锁业有限公司	董事长	应法根	先生
佛山意生源服饰有限公司	总经理	黄文锦	先生
上海易津控股投资有限公司	董事长	陈方明	先生
浙江弘晨灌溉设备有限公司	董事长	罗 军	先生
大连金通电子有限公司	总经理	魏少春	先生
洛阳瑞昌环境工程有限公司	董事长	陆 波	先生
	总经理	陆晓静	女士
博罗县惠盛纸业有限公司	总经理	陈润成	先生
	总经理	廖惠娴	女士

江西益昕电子科技有限公司	董事长　欧阳家平　先生
宁波得发科技有限公司	总经理　罗红兵　先生
江门新会区博格电器有限公司	董事长　梁西敏　先生
云南运来门业有限公司	总经理　应福华　先生
	副总经理　张应奎　先生

……

还有很多企业家朋友不能够一一列名表示感谢，但每一个跟朗欧合作过的企业，跟我沟通探讨过经营管理问题的企业家朋友我都记忆犹新。表面看起来每位企业家听我分享的比较多，但我的很多观点、理念、方法恰恰来源于企业家朋友们，从你们身上，我个人也吸取到了很多的正能量。在这里一并表示感谢！

还有朗欧企管微信公众号、今日头条号、各大网络课堂的近10万订阅者、关注者，也许我们从未见过面，但您的关注就是我们不断做好内容的动力，每一次网上的互动都是用心的沟通。你们都是有思想、有眼界的学习者，都是“中国制造”的开拓者，在这里也深深地表示感谢。

我们一起加油，让管理是蓝海、管理助力中国造，成为我们这一代企业家的精神信仰吧！

张应春

2017年9月30日 于广州